«Brennan Manning desempolva magistralmente la teología arrinconada en un estante y permite que la gracia de Dios haga lo que la gracia de Dios puede hacer: asombrar».

—MAX LUCADO
Autor de superventas como: *Enfrente a sus gigantes, Sin temor, En manos de la gracia, Como Jesús y Dios se acercó*

«Encontré profundo consuelo al saber que Jesús me ama a mí, un andrajoso, justo como soy y no como no debiera ser; al descubrir que me acepta aunque soy inaceptable. Comencé a leer este libro con ansias; me deleité y vi con nuevos ojos que nuestro Dios es verdaderamente bueno, y que, después de todo, obra a favor de nosotros».

—MICHAEL CARD
Músico, artista discográfico y escritor
Autor de *A Violent Grace* (Gracia violenta)

«Se nos impone tanta religión bajo la forma de malas noticias o noticias insulsas que cuando se nos presenta por primera vez como buena nueva, lo agradecemos inmensamente. Este es un retrato exacto y vívido que nos dice de forma inequívoca que el evangelio es bueno, maravillosamente bueno».

—EUGENE PETERSON
Autor de *The Message* (El mensaje)

EL EVANGELIO DE LOS ANDRAJOSOS

EL
EVANGELIO DE LOS
ANDRAJOSOS

BRENNAN MANNING

CASA
CREACIÓN

La mayoría de los productos de Casa Creación están disponibles a un precio con descuento en cantidades de mayoreo para promociones de ventas, ofertas especiales, levantar fondos y atender necesidades educativas. Para más información, escriba a Casa Creación, 600 Rinehart Road, Lake Mary, Florida, 32746; o llame al teléfono (407) 333-7117 en Estados Unidos.

El evangelio de los andrajosos por Brennan Manning
Publicado por Casa Creación
Una compañía de Charisma Media
600 Rinehart Road
Lake Mary, Florida 32746
www.casacreacion.com

204 W. Adams Avenue, P.O. Box 1720
Sisters, Oregon 97759 USA

Traductores: Grupo Nivel Uno, Inc. y Nahum Sáez
Corrección: Nahum Sáez
Director de diseño: Justin Evans

Library of Congress Control Number: 2014948894
ISBN: 978-1-62136-948-6
E-ISBN: 978-1-62998-276-2

Impreso en los Estados Unidos de América
15 16 17 18 19 * 7 6 5 4 3 2 1

Roslyn,
Muchas gracias

CONTENIDO

PRÓLOGO

Todos tenemos una historia que contar. Algunos inician bien y terminan mal. Otros comienzan en medio de circunstancias horriblemente difíciles, pero por la gracia de un Dios que es extremadamente bueno y misericordioso, terminan muy bien, dándonos así la esperanza de que Dios es capaz de redimir aun la historia más espantosa y proveer un final feliz, si nos atrevemos a acercarnos a su trono de gracia.

Sin embargo, la mayoría de la gente no tiene un testimonio dramático que compartir. En realidad, la historia de la mayoría de nosotros es bastante normal, con sus altas y bajas, con sus momentos de alegría y tristeza, de ánimo y desánimo, de fe y confusión.

Cuando un amigo hizo que este libro llegara a mis manos en el otoño del 2013, nunca se imaginó el bien que me estaría haciendo al compartirlo conmigo. En esos meses, yo estaba comenzando a salir de un periodo muy oscuro en el que el desgaste físico, emocional y espiritual—ocasionado por la falta de balance entre trabajo y reposo—había hecho un profundo estrago en mi vida. La gentileza y honestidad con la que Brennan Manning escribe, fueron usadas por Dios para encender nuevamente mi corazón con esperanza, y alumbrar mi rostro con su amor.

Desde el comienzo de mi ministerio, mi padre me advirtió muchas veces: "Marco, no te desgastes tanto, Dios quiere que le sirvas, pero no quiere que abuses de tu cuerpo, ni que te mates en el proceso". Pero como muchas veces sucede con el consejo que se les ofrece a los jóvenes, no tomé sus palabras muy en serio. Las consecuencias, aunque tardaron más de dos décadas en manifestarse, fueron inevitablemente dolorosas.

La raíz del problema, en la mayoría de los casos, no se ve a simple vista. El estrés y la ansiedad, el trabajo excesivo sin tomar el suficiente tiempo para ser restaurado, y todos los demás vicios que desgastan el alma provienen de un deseo enfermizo de cambiarnos a nosotros mismos, de agradar a los demás, de demostrar al mundo que somos valiosos y que merecemos ser valorados y respetados. Estas metas, aunque aparentan ser nobles, son terriblemente tóxicas cuando son inspiradas por la necesidad de ganarnos el favor y la aprobación de Dios por medio de nuestras buenas obras.

Existe un antídoto muy poderoso para el veneno de la vergüenza, la culpa y la condenación que resultan del miserable fracaso de nuestros esfuerzos humanos por ganarnos una justicia propia, ¡y este libro lo contiene! Yo necesitaba desesperadamente esta medicina, y estoy seguro que usted la necesita también. Esa es la razón por la que Dios permitió que este libro llegara a sus manos. *El evangelio de los andrajosos* es una de esas joyas que Dios prepara para que la encontremos a lo largo del camino, en el momento de mayor desgaste y desánimo.

Mi oración, querido lector, es que al leer este libro usted se encuentre con Dios. Estoy seguro que el precioso Espíritu Santo va a irrumpir en su corazón con una nueva esperanza. Solamente hay un requisito para recibir este invaluable regalo:

Reconocer que somos unos andrajosos, totalmente indefensos y vulnerables sin la protección de la gracia de Dios.

Creo con todo mi corazón que Dios le está dando a su Iglesia una nueva oportunidad para despertar. Este libro no es la alarma que te sobresalta a las 6 de la mañana, sino la amorosa caricia del Padre celestial que con su gracia incondicional nos hace nuevamente conscientes de su presencia y su amor. Espero que lo disfrute y lo aproveche tanto como yo.

—MARCO BARRIENTOS
Pastor, cantautor, adorador y autor de libros como:
Viento más fuego y *¡Cree, todo es posible!*

Testimonio

Le debo a Brennan Manning treinta dólares por unas grabaciones de conferencias que le compré y por las que firmé un pagaré. No escribo estas palabras a causa de esa deuda. Simplemente lo menciono porque el estar endeudado es una condición inmanente al andrajoso...una condición que todos compartimos, hasta que nos perdemos en la verdad liberadora, sanadora y vigorizadora del testimonio que presentan estas páginas.

Conocí la obra de Brennan Manning durante un viaje al sur de Manhattan, Kansas, por las colinas de Flinthills. Es un paisaje bellísimo, que se disfruta acompañado por la música de Aaron Copeland...o por el silencio total. Cuando un amigo puso una de las cintas de las conferencias de Manning en el reproductor de mi automóvil, protesté. Pero mi amigo dijo: «Sólo dale diez minutos».

Cinco minutos más tarde, detuve mi automóvil junto a la ruta. Tenía los ojos llenos de lágrimas y no podía conducir.

He asistido con regularidad a la iglesia desde que tenía menos de una semana de vida. He oído sermones sobre la virtud, en contra del vicio, acerca del dinero, la administración del tiempo, el diezmo, la abstinencia y la generosidad.

He escuchado miles de sermones... pero me sobran los dedos de una mano para contar los que simplemente proclaman el evangelio de Cristo.

Esa proclamación es el mensaje que oí ese día. E hizo lo que el evangelio no puede dejar de hacer: rompió el poder de la mera «religiosidad moralista» en mi vida y revivió una aceptación más profunda, que hacía tiempo estaba marchitándose dentro de mí.

En nuestra sociedad solemos jurar lealtad inconmovible a una posición rígida, confundiendo esa acción con el encuentro de la auténtica conexión con un Espíritu dador de vida. Pasamos por alto el evangelio de Cristo: la buena nueva de que, a pesar de que el Dios todopoderoso y Santo sabe que somos polvo, aun así se rebaja para insuflar en nosotros el aliento de vida... para sanar nuestras heridas con el bálsamo de la aceptación y el amor. Ningún otro autor ha articulado este mensaje con mayor belleza o simpleza que Brennan Manning.

Le debo a Brennan Manning treinta dólares, y espero pagárselos pronto. Sin embargo, mi deuda con él es aún mayor, por la libertad que me ayudó a encontrar con este libro. Y mi mayor deuda es con el Dios cuya gracia se extiende a—y especialmente en favor de—los andrajosos de este mundo.

—RICH MULLINS (1955-1997)
Compositor, artista discográfico
Wichita, Kansas

Reconocimientos

velyn Underhill dijo: «La lectura espiritual es, o al menos puede ser, lo que nos ayuda a crecer espiritualmente, después de la oración». Y «El mensaje de los Wesley» contiene esta impactante frase:

«No se puede crecer en la gracia a menos que se lea». De seguro, un Dios lleno de gracia provee para el analfabeto de diversas maneras, pero para la mayoría de nosotros, las Escrituras y otros escritos espirituales nos guían hacia un entendimiento más profundo de la verdad que nos libera.

En humildad y con felicidad expreso mi gratitud a diversos autores cristianos en quienes me he apoyado para comprender mejor a Jesucristo y al evangelio de la gracia: Edward Schillebeeckx, Walter Burghardt, Hans Küng, Donald McCullough, Leonard Foley, Eugene Kennedy, Albert Nolan, Jaroslav Pelikan, Sean Caulfield, Anthony De Mello, Lloyd Ogilvie, y tros que cito en estas páginas.

Mucho le debo a Roslyn, por su honesta y sincera crítica a mi trabajo. Jamás dudó en decirme cuando las palabras no eran sensibles, cuando confundían o no transmitían el espíritu.

Finalmente, mi agradecimiento a John Van Diest y Liz Heaney, de Multnomah, cuyo entusiasmo por las primeras páginas de este libro alimentó mi deseo de continuar hasta terminarlo.

UNAS PALABRAS PRELIMINARES

Escribí *El evangelio de los andrajosos* con la mira puesta en un público lector determinado.

Este libro no es para los superespirituales.

No es para los cristianos musculosos que han hecho de John Wayne, y no de Jesús, su héroe.

No es para los académicos que buscarían encerrar a Jesús en la torre de marfil de la exégesis.

No es para los ruidosos, los buenos tipos, que manipulan el cristianismo haciendo de él un simple llamado a la emoción.

No es para los místicos de incógnito que buscan magia en su religión.

No es para los cristianos que viven solos en la cima de la montaña y jamás han visitado el valle de la desolación.

No es para los que no sienten temor, para los que no lloran.

No es para los celosos defensores de la doctrina que hacen alarde junto al joven rico que dijo: «He guardado todos estos mandamientos desde mi juventud».

No es para los complacientes que cargan al hombro la mochila de honores, diplomas y buenas obras que les hacen creer que han alcanzado la victoria.

No es para los legalistas que prefieren rendir el control de sus almas a las reglas, en lugar de correr el riesgo de vivir en unión con Jesús.

Si sigue ahí leyendo, sepa que *El evangelio de los andrajosos* ha sido escrito para el quebrantado, el herido, el agotado.

Sólo es para los que llevan la penosa carga encima, y cambian de mano la pesada valija buscando equilibrar el peso.

Es para los de rodillas débiles, para los enclenques que saben que aún no lo han logrado, pero cuyo amor propio les impide aceptar el regalo de la inigualable y sorprendente gracia.

Es para los incoherentes y poco estables discípulos que han perdido sus cabales.

Es para los pobres, los débiles, los hombres y mujeres pecadores con defectos hereditarios y talentos limitados.

Es para las vasijas que avanzan sobre pies de barro.

Es para el doblegado, el herido, que siente que su vida desilusiona a Dios.

Es para los inteligentes que saben que son estúpidos, sinceros discípulos que admiten que son unos bandidos.

El evangelio de los andrajosos es un libro que escribí para mí y para todo aquel que haya llegado a sentirse desalentado y cansado a lo largo del Camino.

—BRENNAN MANNING,
(1934-2013)
Nueva Orleans

Capítulo uno

ALGO ANDA MUY MAL

Una ventosa noche de octubre, en una iglesia de las afueras de Minneapolis, se habían reunido varios cientos de creyentes para un seminario de tres días. Comencé con una presentación del evangelio de la gracia y de la realidad de la salvación, de una hora de duración. Me concentré en la total suficiencia de la obra redentora de Jesucristo en el Calvario. El servicio terminó con una canción y una oración.

Al salir de la iglesia por la puerta lateral, el pastor se volvió a comentar con otra persona: «Hmmm, este se creerá muy importante, ¡pero no dijo nada absolutamente sobre qué debemos hacer para ganar nuestra salvación!».

Algo anda muy mal.

Nuestra mente ha sido llevada de un lado a otro por los poderes de este mundo, con lo cual el evangelio de la gracia ha sido relegado al lugar de la esclavitud religiosa, con una imagen distorsionada de Dios, como un eterno contable de mente estrecha. La comunidad cristiana se asemeja a la bolsa de valores, donde el intercambio de obras hace que se honre a una elite y se ignore al hombre común. Se amordaza al amor, se ata a la libertad, se etiqueta la rectitud. La iglesia institucional se ha convertido en algo que hiere al sanado, en lugar de sanar al herido.

Dicho sin ambages: la iglesia estadounidense de hoy acepta la gracia en la teoría, pero la niega en la práctica. Decimos que creemos que la estructura fundamental de la realidad es la gracia y no las obras... pero nuestras vidas refutan nuestra fe. Por lo general, el evangelio de la gracia no se proclama, ni se comprende ni se vive. Muchísimos cristianos viven en la morada del temor, no en la del amor.

Nuestra cultura ha hecho que sea imposible comprender la palabra *gracia*. Somos ecos de frases y dichos como:

«Nada es gratis».

«Obtenemos lo que merecemos».

«¿Quieres dinero? Trabaja para ganarlo».

«¿Quieres que te amen? Esfuérzate por merecer el amor».

«¿Quieres misericordia? Demuestra que la has ganado».

«Haz con otros como los otros hacen contigo».

«Cuídate de los subsidios, de la gente en la calle, de las salchichas gratis en la escuela, de los estudiantes ricos con préstamos federales, todo es un juego de engaños».

«Da a los otros lo que merezcan... pero ni un centavo más».

Una amiga me dijo que oyó decir a un pastor que hablaba con un niño: «Dios ama a los niñitos buenos». Al oír sermones con un marcado énfasis en el esfuerzo personal—sin dolor no hay ganancias—tengo la impresión de que la moda estadounidense es la de la espiritualidad del «hágalo usted mismo».

Y aunque las Escrituras insisten en la iniciativa de Dios en la obra de salvación—que somos salvos por gracia, que nuestro amoroso Padre es todo amor—, nuestra espiritualidad suele comenzar por nosotros, y no por Dios. La responsabilidad personal ha reemplazado a la respuesta personal. Hablamos de adquirir virtud como si fuera una habilidad que puede conseguirse, como la buena letra o el buen *swing* en golf. En las temporadas de penitencia nos enfocamos en sobreponernos a nuestras debilidades, librándonos de nuestras ataduras para alcanzar la madurez cristiana. Sudamos con los ejercicios espirituales como si pudieran llevarnos al estado musculoso del Charles Atlas cristiano. Aunque de la boca hacia fuera hablamos del evangelio de la gracia, muchos cristianos viven como si fuera únicamente la autonegación y la disciplina personal lo que puede moldear al yo perfecto. El énfasis se pone en lo que hago yo, no en lo que está haciendo Dios. En este proceso tan extraño, Dios es un benigno y anciano espectador, sentado en la tribuna, que vitorea cuando aparezco temprano en la cancha. Transferimos la leyenda de Horacio Alger del hombre que se hace a sí mismo a nuestra relación con Dios. Leemos en el Salmo 123: «Como los ojos de los siervos miran a la mano de sus señores, y como los ojos de la sierva a la mano de su señora», y experimentamos una vaga sensación de culpa existencial. Nuestros ojos no están en Dios. Somos, de corazón, seguidores de Pelagio. Creemos que podemos ascender por nuestro propio esfuerzo, es decir, que podemos hacerlo solos.

Tarde o temprano enfrentamos la dolorosa verdad de nuestra insuficiencia y falta de capacidad. Nuestra seguridad se derrumba y nuestros esfuerzos se frustran. Cuando el fervor queda atrás, aparece la debilidad y la infidelidad. Descubrimos nuestra incapacidad para agregar siquiera un centímetro a nuestra estatura espiritual. Aquí comienza entonces un largo invierno de descontento, que al final florece en tristeza, pesimismo y sutil desesperanza; sutil porque pasa casi inadvertida, y por ello no la enfrentamos. Esta adquiere la forma del aburrimiento, de la desazón. Nos sobrecoge lo ordinario de nuestra vida, y las tareas diarias que realizamos una y otra vez. Secretamente admitimos que el llamado de Jesús exige demasiado, que rendirnos ante el Espíritu es algo que está más allá de nuestro alcance. Y entonces actuamos como todos los demás. La vida se vuelve vacía, sin gozo. Comenzamos a parecernos al protagonista de la obra *The Great God Brown* [El gran Dios Sr. Brown], de Eugene O'Neill: «¿Por qué temo al baile, yo, que amo la música, el ritmo, la gracia, el canto y la risa? ¿Por qué temo vivir, yo, que amo la vida y la belleza de la carne y los colores vívidos de la tierra, el cielo y el mar? ¿Por qué temo amar, yo, que amo al amor?».[1]

Algo anda muy mal.

Todos nuestros esfuerzos por impresionar a Dios, nuestra búsqueda para obtener puntos, nuestra lucha por intentar reparar lo que está mal en nosotros en tanto buscamos esconder nuestra pequeñez, recriminándonos nuestras culpas, le causan náuseas a Dios...son la rotunda negación del evangelio de la gracia.

Nuestro acercamiento a la vida cristiana es tan absurdo como el entusiasmo del joven que acababa de recibir su licencia de plomero y fue a visitar las Cataratas del Niágara. Las miró durante un minuto y dijo: «Creo que puedo arreglar esto».[2]

La misma palabra *gracia* ha sido rebajada y denigrada debido a su uso inadecuado y excesivo. No nos conmueve como conmovía a nuestros antepasados de la iglesia cristiana primera. En algunos países europeos aún se llama «Su Gracia» a ciertos representantes eclesiásticos. Los periodistas deportivos hablan de «la gracia deportiva» de Michael Jordan, y el empresario Donald Trump es conocido por su «falta de gracia». Aparece un nuevo perfume con el nombre «Gracia», y el boletín de calificaciones de un niño llega a ser una «desgracia». La palabra ha perdido su poder de imaginación.

Fyodor Dostoevsky captó el impacto y escándalo del evangelio de la gracia cuando escribió:

«En el juicio final, Cristo nos dirá: "¡Venga, usted también! ¡Vengan, borrachines! ¡Vengan, débiles! ¡Vengan, hijos de la vergüenza!"». Y nos dirá: "Seres viles, que se asemejan a la bestia y llevan su marca, ¡vengan ustedes también, de todos modos!". Y el sabio y prudente dirá: "Señor, ¿por qué les das la bienvenida a ellos también?". Y entonces el Señor dirá: "Si les doy la bienvenida, sabios hombres, si les doy la bienvenida, prudentes hombres, es porque ni uno de ellos jamás fue considerado merecedor de nada". Y extenderá sus brazos, y caeremos a sus pies, y lloraremos amargamente, y entonces comprenderemos todo, ¡comprenderemos el evangelio de la gracia! ¡Señor, venga a nosotros tu reino!».[3]

Creo que la Reforma realmente comenzó el día en que Martín Lutero oraba por el significado de las palabras de Pablo en cuanto a que el evangelio nos revela la justicia de Dios, lo que muestra la manera en que esta lleva a la fe. En otras palabras, el justo vivirá por la fe (Romanos 1:17). Al igual que muchos cristianos de hoy día, Lutero pasaba sus noches reflexionando sobre la pregunta esencial: ¿Cómo puede llamarse el evangelio de Jesucristo la «Buena Nueva», si Dios es un juez justo que recompensa al bueno y castiga al malvado? ¿Es que hizo falta que viniera Jesús para revelar este mensaje aterrador? ¿Cómo puede llamarse la revelación de Dios en Cristo «nueva» si el Antiguo Testamento habla de lo mismo, o «buena» si tenemos la amenaza del castigo que como nube negra pende encima de nuestras cabezas sobre el valle de la historia?

Sin embargo, como observa Jaroslav Pelikan:

«Lutero repentinamente irrumpió en la comprensión de que la "rectitud de Dios" de la que Pablo habla en este pasaje no era la rectitud mediante la cual Dios es recto en sí mismo (esto sería una rectitud pasiva, nada más), sino la rectitud mediante la cual, por Jesucristo, Dios hizo rectos a los pecadores (esto es, una rectitud activa) al perdonar el pecado en justificación. Cuando descubrió esto, Lutero dijo sentir que las puertas del paraíso se abrían ante él».[4]

¡Una verdad realmente impactante!

«La justificación por gracia mediante la fe» es la frase del teólogo para definir lo que Chesterton llamó una vez «el furioso amor de Dios». Él no es caprichoso. No conoce las temporadas de cambios. Tiene una actitud inconmovible e inmutable hacia nosotros: nos ama. Él es el único Dios de quien el hombre ha oído decir que ama a los pecadores. Los dioses falsos—los fabricados por los seres humanos—desprecian a los pecadores. Pero el Padre de Jesús ama a todos, sin importar lo que hagan. Por supuesto, esto es casi increíble para nosotros. Sin embargo, la afirmación central de la Reforma se mantiene: no es por mérito propio, sino por su misericordia, que hemos sido restaurados a una relación correcta con Dios por medio de la vida, la muerte y la resurrección de su amado Hijo. Esta es la Buena Nueva, el evangelio de la gracia.

Con su característica alegría de vivir, Robert Capon lo expone de la siguiente manera:

«La Reforma fue una época en que los hombres se cegaron, se emborracharon porque descubrieron, en el polvoriento sótano de las postrimerías de la Edad Media, una preciosa bodega que tenía mil quinientos años, con doscientas botellas de gracia, de Escritura pura y destilada. Con sólo beber un sorbo, todos se convencían de que Dios nos salva, sin condición. La palabra del evangelio—después de tantos siglos de intentar llegar al cielo preocupándose por la perfección de los cordones de sus zapatos—repentinamente resultó ser el llano anuncio de que los salvos estaban en casa, antes de partir...La gracia debía beberse pura: sin agua, sin hielo, y por cierto, sin ningún tónico; ni la bondad, o la maldad, o las flores de la primavera de la superespiritualidad, podían entrar en la bodega».[5]

Mateo 9:9-13 capta una bellísima imagen del evangelio de la gracia:

«Pasando Jesús de allí, vio a un hombre llamado Mateo, que estaba sentado al banco de los tributos públicos, y le dijo: Sígueme. Y se levantó y le siguió. Y aconteció que estando él sentado a la mesa en la casa, he aquí que muchos publicanos y pecadores, que habían venido, se sentaron juntamente a la mesa con Jesús y sus discípulos. Cuando vieron esto los fariseos, dijeron a los discípulos: ¿Por qué come vuestro Maestro con los publicanos y pecadores? Al oír esto Jesús, les dijo: Los sanos no tienen necesidad de médico, sino los enfermos. Id, pues, y aprended lo que significa: Misericordia quiero, y no sacrificio. Porque no he venido a llamar a justos, sino a pecadores, al arrepentimiento».

Aquí se nos presenta una revelación brillante como el lucero del amanecer: Jesús viene para los pecadores, para los rechazados como el cobrador de impuestos, para los que están atrapados entre el fracaso de sus sueños y las escuálidas opciones. Viene para los ejecutivos, la gente de la calle, para las superestrellas, los granjeros, las prostitutas, los adictos, los agentes que cobran los impuestos, las víctimas de SIDA y hasta para los vendedores de automóviles. Jesús no sólo habla con esta gente, sino que se sienta a comer con ellos, sabiendo muy bien que su compañía a la mesa de los pecadores, hará que los burócratas religiosos frunzan el ceño, alzando la insignia de su autoridad para justificar su condena de la verdad y rechazar el evangelio de la gracia.

Este pasaje debe leerse una y otra vez, memorizándolo. Cada generación de cristianos intenta atenuar el brillo de su luz, porque el evangelio parece demasiado bueno para ser cierto. Pensamos que la salvación pertenece al propio y al pío, a quien está a buena distancia de los callejones de la existencia, emitiendo su juicio sobre quienes se han ensuciado con la vida. En nombre de la gracia, ¿cuál ha sido el veredicto de la comunidad cristiana con respecto a la manchada vida del ya fallecido Rock Hudson? ¿Ante la noticia (aun habiéndole legado cuatro millones y medio de dólares a su amante Marc Christian) de que pidió un sacerdote junto a su lecho de muerte, confesó sus pecados y clamó a Dios pidiendo perdón?

Jesús, que perdonó los pecados del paralítico (afirmando allí su poder divino), proclama que ha invitado a los pecadores, no a los justos, a su mesa. El verbo griego utilizado aquí, *kalein*, tiene la connotación de una invitación como huéspedes de honor. En efecto, Jesús dice que el reino de su Padre no es una subdivisión para los justos, o para los que piensan que poseen el secreto de estado necesario para su salvación. El reino no es un suburbio exclusivo y prolijo con reglas esnobs sobre quiénes pueden residir ahí. No. Es para una casta de personas, más grande, más común, menos pagada de sí, que comprende que son pecadores porque han experimentado la mordida, el dolor de la lucha moral.

Estos son pecadores invitados por Jesús a estar cerca de Él en la mesa del banquete. Y esto sigue siendo algo que sorprende a los que nunca entienden que los hombres y mujeres verdaderamente llenos de luz son aquellos que han visto de cerca la oscuridad de su imperfecta existencia. Quizás fue después de meditar en este pasaje que Morton Kelsey escribió: «La iglesia no es un museo para santos, sino un hospital para pecadores».

La Buena Nueva es que podemos dejar de mentirnos. El dulce sonido de la sorprendente gracia nos salva de la necesidad del engaño propio. Nos preserva del hecho de negar que aunque Cristo triunfó, la batalla contra la lujuria, la codicia y el orgullo sigue desarrollándose dentro de nosotros. Como pecador redimido, puedo reconocer que a menudo soy poco amoroso, irritable, iracundo y resentido hacia quienes más cerca están de mí. Cuando voy a la iglesia puedo dejar mi impoluta vestidura en casa, y admitir que he fallado. Dios no sólo me ama tal como soy, sino además, me conoce como soy. A causa de esto no necesito cosméticos o maquillaje espiritual para estar agradable en su presencia. Puedo aceptar mi pobreza, mi falta de poder, mi necesidad.

Como dice C. S. Lewis en *Los cuatro amores*: «La gracia suple nuestra completa, ingenua y deliciosa aceptación de nuestra necesidad, es el gozo de la total dependencia. El hombre bueno lamenta los pecados que han aumentado su necesidad. No lamenta la nueva necesidad que han producido».

Al aceptar el evangelio de la gracia, algo comienza a funcionar excelentemente bien. Vivimos en verdad y en la realidad. Nos volvemos tan sinceros como el sacerdote de noventa y dos años de edad, venerado por todos en su pueblo por su santidad. Él también pertenecía al Club Rotario. Cada vez que el club se reunía, estaba allí, puntualmente, y siempre ocupando su asiento favorito en un rincón de la sala.

Un día el sacerdote desapareció. Parecía haberse esfumado. La gente del pueblo lo buscó por todas partes pero no pudo encontrar ni rastros de él. Al mes siguiente, cuando el Club Rotario se reunió, allí estaba, en su lugar habitual.

—Padre —gritaron todos—, ¿dónde estaba?

—En prisión, cumpliendo una condena de treinta días.

—¿En prisión? —preguntaron atónitos—. Padre, si usted no es capaz de matar una mosca. ¿Qué sucedió?

—Es una larga historia —dijo el sacerdote—. Pero resumiendo, les diré que compré un boleto de tren para ir a la ciudad. Estaba esperando el tren en la plataforma de la estación, cuando apareció una bellísima joven, del brazo de un policía. Ella me miró y le dijo al agente: "Fue él. Estoy segura". Bien, a decir verdad, me sentí tan halagado que me declaré culpable.[6]

Hay un dejo de vanidad en los santos. Ellos no ven por qué negar esto. Y saben que la realidad se les volverá en contra si no se respeta.

Cuando soy honesto y sincero, admito que soy un manojo de paradojas. Creo y dudo, espero y desespero, amo y odio, me siento mal por sentirme bien, me siento culpable por no sentir culpa. Soy confiado y desconfiado. Soy sincero, pero igualmente, a veces doy vueltas y juego un poco. Aristóteles dice que soy un animal racional. Yo digo que soy un ángel con una increíble capacidad para llenarme de cerveza.

Vivir por gracia significa reconocer la historia de mi vida, completa, con sus lados oscuros además de los brillantes. Al aceptar mi lado oscuro aprendo a saber quién soy y lo que significa la gracia de Dios. Como dice Thomas Merton: «Un santo no es quien es bueno, sino quien vive la bondad de Dios».

El evangelio de la gracia anula nuestra adulación a los evangelistas por televisión, las superestrellas carismáticas y los héroes de nuestras iglesias locales. Elimina la teoría de las dos clases de ciudadanos que se sostiene y opera en tantas iglesias de Norteamérica. Porque la gracia proclama la impactante verdad de que todo es regalado. Todo lo bueno es nuestro, no por derecho, sino a causa de la abundante generosidad de un Dios de gracia. Y aunque habrá mucho que hayamos ganado con esfuerzo—un título universitario, nuestro salario, nuestra casa y jardín, una cerveza y una noche de buen dormir—todo esto es posible sólo porque se nos ha dado tanto: la vida misma, ojos que ven, manos que tocan, una mente para pensar, un corazón que late con amor. Se nos ha dado a Dios en el alma, y a Cristo en la carne. Tenemos el poder de creer, cuando otros niegan; de tener esperanza, cuando otros desesperan; de amar, cuando otros hieren. Esto y tantas otras cosas son un regalo; no son recompensa a nuestra fidelidad, a nuestra disposición generosa, a nuestra heroica vida de oración. Hasta nuestra fidelidad es un regalo: «Si nos volvemos a Dios, eso en sí mismo es un regalo de Dios», dice San Agustín. Al conocerme a mí mismo, veo que Jesucristo me ama profundamente, y que no he hecho nada para ganar ni para merecer su amor.

En mi ministerio de evangelista vagabundo, he destacado a algunos santos y cristianos contemporáneos, mencionando el costo de su lucha por sobrepasar a hombres y mujeres de menor talla. ¡Oh, Dios! ¡Cuántas locuras he predicado en mis sermones! La Buena Nueva del evangelio de la gracia nos dice a gritos: ¡Todos somos iguales, privilegiados, todos somos mendigos sin derecho propio, a las puertas de la misericordia de Dios!

Además, como observa Henri Nouwen, la mayor parte de la obra de Dios en el mundo quizás pase inadvertida. Hay una gran cantidad de personas que llega a ser reconocida y famosa por su ministerio, pero gran parte de la actividad salvadora de Dios en nuestra historia puede pasar inadvertida por completo. Este es un misterio difícil de entender en una era que adjudica tanta importancia a la publicidad. Solemos pensar que cuanta más gente sepa y hable sobre algo, tanto más importante ha de ser.

En Lucas 18, un joven rico se acerca a Jesús preguntando qué debe *hacer* para heredar la vida eterna. Él quiere ser importante. No es casualidad que Lucas yuxtaponga el pasaje de Jesús y los niños inmediatamente antes de los versículos que hablan del joven aristócrata. Los niños contrastan con el joven rico simplemente porque no existe duda que ellos no han hecho aún nada para merecer algo. Aquí Jesús quiere demostrarnos que no hay nada que podamos hacer para heredar el reino. Simplemente debemos recibirlo como lo hacen los pequeños. Y los pequeños no han hecho nada. El mundo del Nuevo Testamento no era sentimental con respecto a los niños, y no había ilusión alguna sobre su bondad innata. Jesús no sugiere que el cielo sea un gran patio de juegos para niños. Los niños son nuestro modelo, porque no tienen todavía lo que suponemos que da derecho a reclamar el cielo. Si están cerca de Dios es por su incompetencia, no por su inocencia. Si reciben algo, sólo puede ser porque se les regala.

Pablo escribe en Efesios: «Porque por gracia sois salvos por medio de la fe; y esto no de vosotros, pues es don de Dios; no por obras, para que nadie se gloríe» (2:8-9).

Si se tomara una muestra al azar de mil cristianos norteamericanos, la mayoría definiría a la fe como la creencia en la existencia de Dios. Antiguamente, no se requería fe para creer que Dios existía, casi todo el mundo lo daba por sentado. La fe tenía que ver con la relación personal con Dios, con la confianza en Dios. La diferencia entre la fe como «creer en algo que puede o no existir» y la fe como «confiar en Dios» es enorme. La primera es cuestión de la mente, en tanto la segunda tiene que ver con el corazón. La primera no nos cambia necesariamente, pero la segunda, nos transforma inevitablemente.[7]

Tal es la fe descrita por Paul Tillich en su famosa obra *The Shaking of the Foundations* [El estremecimiento de los cimientos]:

> «La gracia nos impacta cuando estamos en gran dolor e inquietud. Nos impacta cuando andamos por el valle de tinieblas de una vida vacía y sin significado...Nos impacta cuando año tras año, la anhelada perfección sigue sin aparecer, cuando las viejas compulsiones siguen gobernándonos como lo han hecho durante décadas, cuando la desesperanza destruye el gozo y el coraje. A veces en ese momento, una ola de luz irrumpe en nuestras tinieblas, y es como si una voz dijera: "Eres aceptado. Eres aceptado por alguien que es mucho ahora; quizás más tarde lo conozcas. No trates de hacer nada ahora; quizás más tarde hagas mucho. No busques nada, no actúes, no pretendas nada. Simplemente acepta el hecho de que eres aceptado". Si eso nos sucede, es que experimentamos la gracia».[8]

Y la gracia clama: *No eres solamente un pobre y desilusionado viejo que pronto morirá, ni una mujer de mediana edad desesperada por un empleo que la tiene atrapada, ni un joven que siente que el fuego en su interior se está enfriando. Quizás seas inseguro, inepto, gordo o estés equivocado. La muerte, el pánico, la depresión y la desilusión pueden estar cerca de ti. Pero no eres sólo eso. Eres aceptado.* Jamás confundas tu percepción de ti mismo con el misterio de que en verdad eres aceptado.

Pablo escribe: «Y me ha dicho: Bástate mi gracia; porque mi poder se perfecciona en la debilidad. Por tanto, de buena gana me gloriaré más bien en mis debilidades, para que repose sobre mí el poder de Cristo» (2 Corintios 12:9). Sean cuales fueren nuestros defectos, no necesitamos bajar la vista en presencia de Jesús. A diferencia de Cuasimodo, el jorobado de Notre Dame, no necesitamos ocultar lo feo y repulsivo que hay en nosotros. Jesús no viene para el superespiritual, sino para el débil, el enclenque que sabe que no tiene nada a favor, que no es demasiado orgulloso como para aceptar lo que regala la gracia. Al mirar hacia arriba, nos sorprende encontrar los ojos de Jesús abiertos, maravillados, comprendiendo y mirándonos con gentil compasión.

Algo está muy mal cuando la iglesia local rechaza a una persona aceptada por Jesús: cuando una sentencia dura crítica e implacable rechaza a los homosexuales; cuando el divorciado no puede participar de la comunión; cuando al niño de la prostituta se le niega el bautismo; cuando al sacerdote disidente se le niegan los sacramentos. Jesús viene para los pecadores, aun el domingo por la mañana. Su venida termina con el pecado y nos hace valiosos ante sus ojos. Si no comprendemos esto, estaremos poniendo en el corazón del cristianismo una preocupación necia y alejada de Dios, relacionada con las obras del ser humano.

Jesús se sentó a la mesa con quien quisiera estar allí, incluyendo a los que habían sido echados de hogares decentes. Al compartir la comida, recibieron consideración en lugar de la esperada condena. Un perdón misericordioso, en lugar de un apurado veredicto de culpables. La gracia sorprendente, en lugar de la desgracia universal. Aquí hay una demostración práctica de la ley de la gracia: una nueva oportunidad en la vida.

Toda iglesia que no acepte que consiste de hombres y mujeres pecadores, y que no exista para ellos, implícitamente está rechazando el evangelio de la gracia. Como dice Hans Küng:

«No merece ni la misericordia de Dios ni la confianza de los hombres. La iglesia debe estar siempre al tanto de que su fe es débil; su conocimiento, imperfecto; su profesión de la fe, poco convincente; y debe reconocer que no hay pecado o defecto del que no haya sido culpable en uno u otro modo. *Y a pesar de que es cierto que la iglesia debe siempre apartarse del pecado, jamás tendrá excusa para distanciarse de los pecadores.* Si la iglesia se considera demasiado perfecta, alejada de los defectos, de los no religiosos y los inmorales, ni siquiera puede justificar su entrada al Reino de Dios. Pero si se mantiene permanentemente despierta ante su culpa y su pecado, podrá vivir en gozoso conocimiento del perdón. Se le ha prometido que todo quien se humille será exaltado.[9]

Cuenta la historia que un pecador conocido fue excomulgado y se le prohibió la entrada a la iglesia. Llevó su aflicción ante Dios:

«No me dejan entrar, Señor, porque soy pecador». A lo que Dios contestó: «¿De qué te quejas? Tampoco me dejan entrar a mí».

A menudo, vemos entrar el domingo por la mañana a gente con muletas: pecadores que aún no pueden descartar su falso apoyo y ponerse de pie con la libertad de los hijos de Dios. Pero su mera presencia en la iglesia un domingo por la mañana es la llamita de la vela que representa el deseo de mantenerse en contacto con Dios. Si soplamos y apagamos su vela, los sumergimos en un mundo de oscuridad espiritual.

Hay un mito que florece en la iglesia de hoy, causante de un daño incalculable: una vez que somos conversos, plenamente conversos. En otras palabras: una vez que acepto a Jesucristo como mi Señor y Salvador, aparece un futuro irreversible y libre de pecado. El discipulado será una historia de éxito inmaculada; la vida será una espiral ascendente hacia la santidad. Díganle eso al pobre Pedro, que después de profesar su amor por Jesús tres veces, y después de recibir la plenitud del Espíritu en Pentecostés, seguía celoso ante el éxito apostólico de Pablo.

Se me ha preguntado muchas veces: «Brennan ¿cómo es que te volviste alcohólico después de ser salvo?». Fue posible porque me golpeó y me hirió la soledad y el fracaso, porque me sentí desalentado, con incertidumbre, con culpa, y porque aparté la vista de Jesús. Porque el encuentro con Cristo no me convirtió en ángel. Porque la justificación por gracia a través de la fe significa que he iniciado una relación adecuada con Dios, no que me convertí en el equivalente a un paciente anestesiado en la sala de operaciones.

Queremos una espiritualidad siempre alerta (que empuje y atraiga, que tire y afloje), y buscamos cultivar una virtud en particular en un momento dado. La prudencia en enero, la humildad en febrero, la fortaleza en marzo, la templanza en abril. Se nos da puntos por cada paso hacia adelante, y se nos restan puntos por cada derrota. Las pérdidas debieran reducirse si uno espera encontrar caridad en mayo, porque mayo parece no llegar nunca. Para muchos cristianos, la vida es un largo enero.

Según una antigua leyenda cristiana, un santo se arrodilló y oró: «Querido Dios, sólo tengo un deseo en la vida. Dame la gracia de nunca volver a ofenderte».

Cuando Dios oyó esto, comenzó a reír: «Eso es lo que todos piden. Pero si se lo otorgara a todos, dime, ¿a quién podría perdonar?»

Como la salvación es por gracia a través de la fe, creo que en la incalculable cantidad de personas de pie ante el trono, frente al Cordero, llevando vestiduras blancas y hojas de palma en sus manos (Apocalipsis 7:9), veré a la prostituta del Rancho Kit-Kat de Carson City, Nevada, que me dijo llorando que no podía encontrar otro empleo para mantener a su hijo de dos años. Veré a la mujer que abortó y se ve perseguida por la culpa y el remordimiento, pero que hizo lo que pensó mejor ante las terribles alternativas que tenía delante; veré al ejecutivo perseguido por las deudas, que vendió su integridad en una serie de desesperadas transacciones; al clérigo inseguro adicto a la popularidad, que jamás desafió a su gente desde el púlpito, esperando amor incondicional; al adolescente abusado sexualmente por su padre que hoy vende su cuerpo en la calle y que cada noche antes de dormir susurra el nombre del desconocido Dios de quien le hablaron en la escuela dominical; al converso en su lecho de muerte que durante décadas quiso tenerlo todo, violó todas las leyes divinas y humanas, disfrutó de la lujuria y profanó la tierra.

«¿Pero cómo es esto?», preguntamos.

Entonces la voz dice: «Lavaron sus vestiduras y las volvieron blancas en la sangre del Cordero».

Allí están. Allí estamos... la multitud que tanto quería ser fiel, que a veces se vio derrotada y ensuciada por la vida, superada por las pruebas, vistiendo ropas ensangrentadas por las tribulaciones de la existencia, pero que a pesar de todo, se aferraron a la fe.

Mis amigos, si esto no les suena a Buena Nueva, entonces jamás han entendido el evangelio de la gracia.

Capítulo dos

MAGNÍFICA MONOTONÍA

Sir James Jeans, el famoso astrónomo británico, dijo: «El universo parece haber sido diseñado por el más puro matemático». Joseph Campbell escribió acerca de la «percepción de un orden cósmico, matemáticamente definible...». Al contemplar el orden de la tierra, del sistema solar y del universo estelar, los científicos y estudiosos han llegado a la conclusión de que el Maestro planificador no dejó nada librado al azar.

La inclinación de la tierra, por ejemplo, en un ángulo de 23 grados, produce las estaciones del año. Los científicos dicen que si la tierra no tuviera esta inclinación exacta, los vapores de los océanos irían hacia el norte y el sur formando continentes de hielo.

Si la luna estuviera a sólo 80500 kilómetros de la tierra, en lugar de 322000, las mareas serían tan enormes que los continentes quedarían sumergidos bajo el agua...y hasta las montañas sufrirían la erosión.

Si la corteza terrestre fuera tan sólo un metro más gruesa no habría oxígeno, y toda vida animal se extinguiría.

Si los océanos fueran más profundos, por unos metros siquiera, el dióxido de carbono y el oxígeno se absorberían y no habría vida vegetal.

El peso de la tierra ha sido calculado en seis sextillones de toneladas (un seis con 27 ceros). Sin embargo, está perfectamente equilibrado y rota sobre su eje sin problemas. Diariamente gira a una velocidad de más de 1600 kilómetros por hora, o alrededor de 40000 kilómetros por día. Esto suma más de 14000000 kilómetros por año. Si tomamos en cuenta el peso tremendo de seis sextillones de toneladas rotando a tan fantástica velocidad sobre un eje invisible, mantenido en su lugar por bandas invisibles de fuerzas gravitacionales, las palabras de Job 26:7 tendrían un significado sin par: «Él extiende el norte sobre vacío, cuelga la tierra sobre nada».

La tierra gira en su propia órbita alrededor del sol, recorriendo el circuito elíptico de 960 millones de kilómetros al año, lo cual significa que viajamos por la órbita a 30.5 kilómetros por segundo, o 102000 kilómetros por hora.

Job nos invita a meditar sobre «las maravillas de Dios» (Job 37:14). Piense en el sol. Cada metro cuadrado de su superficie emite constantemente un nivel de energía de 130000 caballos de fuerza (como 450 motores de ocho cilindros aproximadamente), con llamas producidas por una fuente de energía mucho más potente que el carbón.

Los nueve planetas principales de nuestro sistema solar, distan del sol desde alrededor de 58 millones de kilómetros hasta 6000 millones de kilómetros aproximadamente; y sin embargo, cada uno gira alrededor del sol con exacta precisión, en órbitas que van de 88 días para Mercurio hasta 248 años para Plutón.

Aun así, el sol es sólo una estrella menor en el conjunto

de 100,000 millones de sistemas que comprenden nuestra Vía Láctea. Si sostuviéramos una moneda de diez centavos extendiendo el brazo, la moneda ocultaría quince millones de estrellas a nuestros ojos, si es que pudiéramos ver a tal distancia.[1]

Cuando intentamos abarcar la cantidad de estrellas y cuerpos celestiales tan sólo en la Vía Láctea, resuena en nosotros la alabanza de Isaías al Todopoderoso Creador: «Levantad en alto vuestros ojos, y mirad quién creó estas cosas; él saca y cuenta su ejército; a todas llama por sus nombres; ninguna faltará; tal es la grandeza de su fuerza, y el poder de su dominio» (Isaías 40:26).

No es de extrañar que David clame:

«¡Oh Jehová, Señor nuestro, cuán glorioso es tu nombre en toda la tierra! Has puesto tu gloria sobre los cielos; de la boca de los niños y de los que maman, fundaste la fortaleza, a causa de tus enemigos, para hacer callar al enemigo y al vengativo. Cuando veo tus cielos, obra de tus dedos, la luna y las estrellas que tú formaste, digo: ¿Qué es el hombre, para que tengas de él memoria, y el hijo del hombre, para que lo visites? (Salmo 8:1-4).

La creación habla de un poder que hace enmudecer a nuestra mente y a nuestra lengua. Estamos enamorados, encantados por el poder de Dios. Tartamudeamos, balbuceando palabras sobre la santidad de Dios. Temblamos ante la majestad de Dios... y sin embargo, cuando se trata de su amor, nos volvemos quejosos y dudamos.

Me deja boquiabierto el rechazo general de este país a pensar en grande sobre un Dios de amor. Como locos de atar, muchos cristianos se retuercen y sacuden ante la revelación del amor de Dios que nos abraza en su hijo Jesucristo.

En mi ministerio vagabundo, he encontrado una curiosa y extraña resistencia al Dios definido en la Biblia como el amor. Los escépticos incluyen desde los profesionales aceitados y muy educados que discretamente susurran la herejía del universalismo, hasta el hombre rudo que la embiste contra la Biblia, viendo únicamente al Dios guerrero, robusto y cubierto de polvo del Pentateuco, e insistiendo en reformular las crudas exigencias del perfeccionismo de las reglas.

Nuestra resistencia ante el furioso amor de Dios puede rastrearse hasta en la iglesia, nuestros padres y pastores, y en la vida misma. Protestamos al ver cómo han ocultado el rostro de un Dios compasivo y promovido un Dios de santidad, justicia e ira.

Sin embargo, si fuéramos de veras hombres y mujeres de oración, con nuestros rostros iluminados, nuestros corazones llenos de pasión, descartaríamos nuestras excusas. Dejaríamos de culpar a los demás.

Debemos salir a algún desierto (servirá también el jardín de su casa) para vivir una experiencia personal en el amor de Dios. Luego asentiremos, en común acuerdo con Julian de Norwich, la mística inglesa con tantos dones: «El mayor honor que podemos rendirle a Dios Todopoderoso es vivir con gozo porque sabemos de su amor». Entenderemos por qué, como observa Kittel en el *Diccionario teológico del Nuevo Testamento*, en los últimos años de su vida, pasados en la isla de Patmos, el apóstol Juan escribe con magnífica monotonía sobre el amor de Jesucristo. Como si fuera la primera vez que lo oímos, entenderemos lo que quiso decir Pablo: «Pero la ley se introdujo para que el pecado abundase; mas cuando el pecado abundó, sobreabundó la gracia; para que así como el pecado reinó para muerte, así también la gracia reine por la justicia para vida eterna mediante Jesucristo, Señor nuestro» (Romanos 5:20-21).

Como Juan, que en el ocaso de su vida escribía sólo acerca del amor de Jesús, Pablo se dedicó a escribir sobre el evangelio de la gracia:

- La gracia de Dios es la totalidad de lo que los hombres y mujeres necesitan para ser rectos (Romanos 3:24; Tito 3:7).

- Por gracia Pablo fue llamado (Gálatas 1:15).

- Dios nos da su gloriosa gracia por medio de su Hijo (Efesios 1:6).

- La gracia de Dios apareció para la salvación de todos (Tito 2:11).

- La gracia de nuestro Señor ha rebosado con la fe y el amor que están en Cristo Jesús (1 Timoteo 1:14).

- La gracia es una provisión a la que accedemos por medio de Cristo (Romanos 5:2).

- Es un estado o condición en el que nos hallamos (Romanos 5:2).

- Se recibe en abundancia (Romanos 5:17).

- La gracia de Dios ha abundado más que el pecado (Romanos 5:15; 20-21; 6:1).

- Nos es dada en Cristo (1 Corintios 1:4).

- Pablo no la recibió en vano (2 Corintios 6:1).

- La gracia de Dios que sobrepasa todo está dentro del cristiano (2 Corintios 9:14).

- Se extiende a más y más personas (2 Corintios 4:15).

- La gracia se opone a las obras, que carecen del poder para salvar. Si las obras tuvieran el poder, la realidad de la gracia se anularía (Romanos 11:5; Efesios 2:5, 7; 2 Timoteo 1:9).

- La gracia se opone a la ley. Tanto los judíos como los gentiles son salvos por la gracia del Señor Jesús (Hechos 15:11).

- Sostener la ley es anular la gracia (Gálatas 2:21), y cuando los gálatas aceptan la ley, se apartan de la gracia (Gálatas 5:4).

- El cristiano no anda bajo la ley, sino bajo la gracia (Romanos 6:14).

- La gracia se opone a lo que se adeuda (Romanos 4:4).

- El evangelio mismo, que es la buena nueva de la gracia, puede llamarse gracia (Hechos 20:24), o la palabra de su gracia (Hechos 14:3; 20:32).

Sí, el Dios de gracia encarnado en Jesucristo *nos ama*.

La gracia es la expresión activa de su amor. El cristiano vive por gracia, como hijo de Abba, rechazando por completo al Dios que atrapa por sorpresa a las personas en su debilidad...el Dios incapaz de sonreír ante nuestros errores, el Dios que no acepta tomar asiento en nuestros festejos humanos, el Dios que dice: «Pagarás por eso», el Dios incapaz de comprender que los niños siempre se ensucian y olvidan las cosas, el Dios que anda al acecho de los pecadores.

Al mismo tiempo, los hijos del Padre rechazan al Dios color de rosa que promete que jamás lloverá el día de nuestro cumpleaños.

Un pastor que conozco recuerda un estudio bíblico en su

iglesia, un domingo por la mañana, en el que se estudiaba el texto de Génesis 22. Dios le ordena a Abraham que tome a su hijo Isaac y lo ofrezca en sacrificio en el Monte Moriah.

Cuando el grupo leyó el pasaje, el pastor explicó el trasfondo histórico de este período en la historia de la salvación, incluyendo la práctica del sacrificio de niños entre los cananitas. El grupo escuchó en incómodo silencio.

Luego el pastor preguntó:

—¿Y qué significa esta historia para nosotros?

Un hombre de mediana edad dijo:

—Le diré lo que significa para mí. He decidido que mi familia y yo buscaremos otra iglesia.

El pastor lo miró sorprendido:

—¿Cómo? ¿Por qué?

—Porque cuando veo a ese Dios, el Dios de Abraham, siento que estoy cerca de un Dios real, no del tipo de Dios digno y de aspecto comercial, del Dios miembro de un club social de quien conversamos aquí los domingos por la mañana. El Dios de Abraham podía hacer pedazos a un hombre, dar y quitar un hijo, pedir todo de uno, y luego pedir más. Yo quiero conocer a ese Dios.

El hijo de Dios sabe que la vida de gracia le llama a vivir en una montaña fría y ventosa, no en la placentera llanura de la religión a medias.

Porque en el corazón del evangelio de la gracia, el cielo se oscurece, el viento aúlla, un joven sube otro Moriah en obediencia a un Dios que lo exige todo y no se detiene jamás. A diferencia de Abraham, Él lleva una cruz sobre sus espaldas, no ramas para encender el fuego del sacrificio...como Abraham, escucha a un Dios salvaje e incansable que se saldrá con la suya, sin importar cuánto cueste.

Este es el Dios del evangelio de la gracia. Un Dios que por amor, envió al único Hijo que tenía, para envolverlo en nuestra piel. Aprendió cómo caminar, tropezaba y caía, lloraba por su leche, sudó sangre por la noche, fue azotado y escupido, fue clavado a una cruz y murió susurrando perdón para todos nosotros.

El dios del cristiano legalista, por otra parte, es a menudo impredecible, errático, capaz de prejuicios diversos. Cuando vemos a Dios de esta manera, nos sentimos obligados a entrar en una especie de magia para aplacarle. La adoración del domingo se convierte en una supersticiosa póliza de seguros contra sus caprichos. Este Dios espera que la gente sea perfecta, y que siempre sea capaz de controlar sus pensamientos y emociones. Cuando aquellos que son quebrantados por este concepto de Dios fallan—como sucederá inevitablemente—por lo general esperan castigo. Así que perseveran en prácticas religiosas mientras luchan por mantener una hueca imagen de un propio ser perfecto. La lucha en sí misma es extremadamente agotadora. Los legalistas nunca pueden cumplir las expectativas que proyectan para su Dios.

Una mujer de Atlanta, casada y con dos niños, me dijo hace poco que estaba segura de que Dios se sentía desilusionado con respecto a ella porque no estaba «haciendo nada» por Él. Me dijo que sentía el llamado a ministrar en un comedor, pero que luchaba con la idea de dejar a sus hijos al cuidado de otra persona. Se sorprendió cuando le dije que el llamado no provenía de Dios, sino de su propio legalismo. Ser buena madre no era suficiente para ella. En su mente, tampoco era suficiente para Dios.

De la misma manera, una persona que ve a Dios como un cañón enloquecido que dispara balas por doquier para hacernos saber quién está a cargo de todo, se volverá temerosa, esclava y hasta poco comprensiva con respecto a los demás. Si su Dios es una fuerza cósmica e impersonal, su religión no tendrá compromiso y será vaga. La imagen de Dios como matón omnipotente que no permite la intervención humana crea un estilo de vida rígido gobernado por leyes puritanas y dominado por el miedo.

En cambio, la confianza en el Dios que nos ama fiel y continuamente, alimenta a discípulos libres y que confían en Él. Un dios de amor promueve un pueblo de amor. «El hecho de que nuestra visión de Dios tiene mucho que ver con cómo damos forma a nuestras vidas quizás sea una de las razones por las que las Escrituras le dan tanta importancia a que busquemos conocerle».[2]

Esta verdad está ilustrada en la visión de Dios que tenía el profeta Jonás. Él se enfurece tanto cuando los de Nínive se arrepienten después de su predicación, que quiere morir. No quería que Dios perdonara a Nínive; quería juicio. Su estrecho racionalismo hacía que le fuera imposible comprender el enorme amor de Dios.[3] Sin embargo, el mensaje de este libro profético trasciende los límites del profeta. Proclama lo bueno que es Dios, y cómo su compasión se extiende a toda criatura del universo incluyendo, como lo dice la última palabra del libro, «a los animales». Él se ocupa de todos los hombres y las mujeres. Todos son llamados a aceptar el extravagante regalo de su gracia, porque aceptarlo significa simplemente volverse hacia Dios.

Jonás no era capaz de comprenderlo. Perdió su temple y se enfureció cuando se secó la planta que le daba sombra, pero aun así era capaz de dejar que miles de personas perecieran por falta de fe sin inmutarse. No es que fuera *malo*. Después de todo, intentaba librarse del fantasma de los marineros paganos. No era malo, sino miope. Dios era *su* Dios, el Dios de los hebreos, aprisionado en un país, en un templo, en un arca de la alianza.

La teología de este libro sagrado es una llamada a los israelitas de ambas alianzas: piensa en grande acerca de Dios.

La misericordia de Dios por la arrepentida Nínive, por la autocompasión de Jonás, y hasta por los animales, prepara el camino para el evangelio de la gracia. Dios es amor.

> «A lo largo de los años he visto cristianos que moldean a Dios a su propia imagen y semejanza... en todos los casos como un Dios terriblemente pequeño. Algunos católicos romanos siguen creyendo que solamente ellos pastarán en verdes prados... Está el Dios que tiene un afecto especial por la Norteamérica capitalista, que toma en cuenta al fanático de su trabajo, y el Dios que sólo ama a los pobres y desposeídos. Hay un Dios que marcha con los ejércitos victoriosos, y un Dios que ama solamente al humilde que pone la otra mejilla. Algunos son como el hermano mayor en Lucas, que protesta cuando el padre se alegra y sirve al hijo pródigo que ha gastado su último centavo con las prostitutas. Otros, se niegan trágicamente a creer que Dios pueda o quiera perdonarles: mi pecado es demasiado grande.[4]

Este no es el Dios de gracia que «quiere que todos los hombres sean salvos y vengan al conocimiento de la verdad» (1 Timoteo 2:4). No es el Dios encarnado en Jesús al que conoció Mateo, el Dios que llama a los pecadores, y como sabemos usted y yo, esta es una definición que nos comprende a todos.

Recuerdo una maravillosa escena en el cuento «Apocalipsis», de Flannery O'Connor, basado en el último libro de la Biblia. La protagonista es la señora Turpin, una mujer recta y orgullosa de su buena conducta, sus buenas obras y su decencia. Desprecia a los negros y a los blancos que son basura. Odia a los defectuosos y a los enfermos mentales. Por las noches, ya en su cama, se pregunta quién podría haber llegado a ser si no fuese quien es.

«Si Jesús le hubiera dicho antes de crearla: "Hay sólo dos lugares disponibles para ti. Ser negra o basura blanca, ¿qué prefieres?" Ella se habría retorcido para decir: "Bien, hazme negra entonces pero no de las que son basura". Y Él la habría creado negra, pero limpia y respetable. La misma señora Turpin, pero negra».

Bien, un día la Sra. Turpin va a ver al médico y se encuentra rodeada de gente a quien desprecia. De repente una joven con acné cruza la sala, le pega a la señora Turpin con un libro e intenta estrangularla. Cuando el tumulto se ordena, la señora Turpin, como si esperara una revelación, pregunta:

—¿Qué tienes que decirme?

Y la joven grita:

—Vuelva al infierno del que vino, vieja cerda llena de verrugas. La señora Turpin se siente aterrada. Su mundo se ha derrumbado. El Dios que ella había formado en su propia imagen, tan satisfecho con su piedad, ha desaparecido.

Vuelve a casa y de pie en su patio trasero mira la porqueriza. Y allí recibe una visión. Un puente brillante que llega al cielo surge desde el suelo, y por ese puente «una horda de almas subía al cielo. Eran multitudes de blancos despreciables, por primera vez en su vida, limpios. Bandas de negros con vestiduras blancas, batallones de locos y tontos que gritaban, aplaudían y saltaban como ranas», y detrás una tribu de personas como ella «que marchaban detrás de los otros con gran dignidad, respetables, ordenados, con sentido común y de buena conducta. Eran los únicos que se portaban bien. Sin embargo, en sus rostros ella podía ver que aun estas virtudes se habían borrado, y que se parecían a los otros cada vez más».

El cuento termina con la señora Turpin entrando de vuelta a su casa, oyendo sólo «las voces de las almas que subían por el campo estrellado, gritando "Aleluya"».[5]

Quizás haya algo de la señora Turpin oculto en muchas personas de santa conducta. Una amiga mía me dijo hace años que lo único que le inquietaba del cielo era que no podría elegir a sus compañeros de mesa en el banquete mesiánico.

Nuestra experiencia del amor incondicional de Dios debe formarse según las Escrituras. La Palabra escrita de Dios debe apoderarse de nosotros, como lo hizo su Palabra hablada a Isaías y Jeremías, a Ezequiel y Oseas; como la Palabra hablada por Cristo capturó a Mateo y a María Magdalena, a Simón Pedro y a la samaritana.

La Palabra que estudiamos debe ser la que oramos. Mi experiencia personal de la infinita ternura de Cristo no provino de exegetas, teólogos y escritores espirituales, sino de permanecer quieto y callado en presencia de la Palabra viviente, buscándole a Él para que me ayudara a entender con la mente y el corazón lo que decía su Palabra escrita. El estudio intelectual no puede revelarnos el evangelio de la gracia. No debemos permitir que la autoridad de los libros, las instituciones o los líderes reemplacen la autoridad de *conocer* personal y directamente a Cristo. Cuando los puntos de vista religiosos de los demás se interponen entre nosotros y la experiencia de primera mano acerca de Jesús como el Cristo, nos volvemos agentes de viajes poco convencidos y poco convincentes, repartiendo folletos de lugares que jamás hemos visitado.

En su famoso sermón de Navidad del año 1522, Martín Lutero clamó:

«¡Oh, si tan sólo Dios deseara que mi interpretación
y la de todos los maestros desapareciese, para que
cada cristiano llegara por sí mismo a las Escrituras y

a la pura Palabra de Dios! Verán en mi balbuceo la inconmensurable diferencia entre la Palabra de Dios y la palabra humana, y cómo nadie puede llegar a explicar una sola de las palabras de Dios con sus propias palabras. Es un mundo eterno, y debe comprenderse y contemplarse con una mente acallada y en paz. Sólo una mente que contempla en silencio puede llegar a comprender. Para quien pudiera lograr esto sin comentario ni interpretación, mis comentarios y los de todos los demás no serían de utilidad alguna, sino mero obstáculo. Vayan a la Biblia, queridos cristianos, y dejen que mis sermones y las explicaciones de los estudiosos sean solamente una herramienta que ayude a construir para que podamos entender, saborear y permanecer en la simple y pura Palabra de Dios; porque Dios habita sólo en Sión».[6]

El filósofo Jacques Maritain dijo que la culminación del conocimiento no es el concepto sino la experiencia: sentir a Dios. Esta es la promesa de las Escrituras: quédate en silencio y conoce (experimenta) que yo soy Dios (Salmos 46:10). Mi propio camino es testimonio de esto. Quiero decir simplemente que un Dios viviente y amoroso es capaz—y lo hace—de hacer que se sienta su presencia, que puede—y lo hace—hablarnos en el silencio de nuestros corazones, que puede—y lo hace—entibiarnos y acariciarnos hasta que ya no dudemos de que está cerca, de que Él está allí. Esta experiencia es gracia pura para los niños, los pobres y los pecadores, los privilegiados en el evangelio de la gracia. No puede obtenerse por la fuerza. Porque Dios la ofrece gratis, y la ha dado a gente como Moisés, Mateo, y como yo. Por cierto, no hay nadie a quien Dios se la niegue. Ignacio de Loyola dijo: «La experiencia directa de Dios es en verdad la gracia, y básicamente no hay nadie a quien le sea negada».

En esencia, hay sólo una cosa que Dios pide: que seamos hombres y mujeres de oración, personas que vivan cerca de Dios, personas para quien Dios lo es todo y para quienes Dios es suficiente. Esa es la raíz de la paz. Tenemos esa paz cuando el Dios de gracia es todo lo que buscamos. Cuando comenzamos a buscar algo además de Él, perdemos esta paz. Como dijo Merton en su último discurso antes de morir: «Este es su llamado para nosotros, simplemente que seamos personas que se contenten con vivir cerca de Él y que renueven la clase de vida en que la cercanía se siente y se vive».

Hubo una época en mi vida en que no conocía a este Dios de gracia, ni a su evangelio de la gracia. Antes de mi encuentro con Jesús mi vida personal estaba cargada de culpa, vergüenza, miedo, autodesprecio y obviamente, baja autoestima. Verá, crecí como católico, y como tal, a fines de la década del 30, 40 y 50, mi mayor preocupación era el pecado. El pecado estaba en todas partes. Nos consumía y dominaba nuestra conciencia.

Había dos clases de pecado: el *mortal*—el más grave— y el *venial*. Cometer pecado mortal es saber que lo que uno está a punto de hacer, pensar, desear o decir es muy, muy malo…pero aun así lo hace de todos modos. Cometer pecado venial es hacer algo que no es realmente tan grave, o hacer algo realmente grave que uno no *cree* que sea tan malo, o que no se hace de corazón. Si su hermanito menor es molesto y le dice que se muera, has cometido un pecado venial. Pero si lo matas de un tiro, ha cometido pecado mortal.

Aunque parezca obvia la diferencia entre el pecado mortal y el venial, no permita que esto le engañe. Hay mucho más de lo que se ve a primera vista. ¿Qué es lo realmente malo? ¿Y qué es lo no tan realmente malo? ¿Y quién decide?

He aquí una situación de rutina que todo católico de mi generación debió enfrentar: Usted está en el estadio viendo un juego de béisbol el Viernes Santo. Es junio de 1950. Los católicos no pueden comer carne porque es pecado mortal. Pero usted quiere una salchicha. Ahora, si tenemos en cuenta que comer carne el día viernes es un pecado venial, querer hacerlo también lo es. No se ha movido del asiento y ya ha pecado dos veces.

¿Qué pasaría si de veras comiera la salchicha? Además del riesgo de atragantarse por comer algo prohibido, y de ser castigado allí mismo, ¿ha cometido pecado mortal o venial? Bien, si piensa que es mortal, así será; y si piensa que es venial, aun es posible que sea mortal. Después de pensarlo mucho, decide que es venial. Llama al vendedor de salchichas, saca el dinero de su bolsillo y compra una salchicha. Claramente, esto es un acto de libre albedrío. Calcula que puede ir a confesarse ante el sacerdote el sábado por la noche. ¡Pero espera! ¿El pecado venial se convierte en mortal si lo hace adrede? Es un riesgo que correrá. ¿Y qué ocurriría si hubiera olvidado que es viernes? En tal caso, comer la salchicha no sería pecado, pero olvidar que es viernes sí lo es. ¿Es pecado venial comerla toda? Y si la tira a la basura, ¿es pecado desperdiciar comida? En cinco minutos, ha cometido suficientes pecados como para ir al purgatorio durante un millón de años. Lo mejor es no correr riesgos y no ir al estadio los viernes.

Ser un católico en esa época significaba luchar toda la vida para evitar el pecado mortal o venial. Aunque uno no quería ir al infierno, tampoco quería pudrirse en el purgatorio. Así que había que portarse bien. Considerar cada pensamiento, palabra, acción, deseo y omisión. Todo lo que uno quería podía llegar a ser pecado.[7]

Aunque parezca gracioso en retrospectiva, el sentimiento de culpa y vergüenza era realmente terrible. Una cálida noche de junio de 1947 llegué a la pubertad. En la ducha, comencé a explorar mi cuerpo. Por primera vez, cosquilleó la respuesta. Me masturbé, entré en pánico, me vestí sin siquiera secarme, corrí a la iglesia y confesé mi pecado. El sacerdote tronó: «¿Qué fue lo que hiciste? ¿Sabes que podrías ir al infierno por eso?». Su voz resonó ominosa en la iglesia llena de gente. Volví a casa humillado y asustado. (Desde entonces, he conocido muchos confesores compasivos, amables y comprensivos, y los vientos primaverales están trayendo calor a la Iglesia Católica después de un muy largo y duro invierno).

A lo largo de los años, la creciente conciencia con respecto a la gracia ha producido profundos cambios en mi noción sobre mí mismo. La justificación por la gracia a través de la fe significa que sé que Dios me acepta tal como soy. Cuando se ilumina mi mente y se conmueve mi corazón con esta verdad, puedo aceptarme a mí mismo *tal como soy*. La aceptación genuina de uno mismo no proviene del poder del pensamiento positivo, ni de los juegos de ingenio o la psicología pop. *Es un acto de fe* en la gracia de Dios.

Muchas veces en mi ministerio la gente ha expresado temor de que la autoaceptación aborte el proceso de conversión y les lleve a una vida de holgazanería espiritual y lasitud moral. Nada podría ser menos cierto que esto. La aceptación del propio ser no significa resignarse a aceptar el statu quo. Por el contrario, cuanto más nos aceptamos a nosotros mismos, tanto más podremos crecer con éxito. El amor es un estímulo mucho mejor que la amenaza o la presión.

> «Una santa solía decir de sí misma que era el tipo de mujer que avanza más rápidamente cuando la impulsa el amor que cuando lo hace el miedo. Era lo suficientemente perceptiva como para saber que todos somos ese tipo de persona. Es posible alcanzar la santidad

en la vida, aun siendo propenso a la mezquindad, la insinceridad, la sensualidad y la envidia. Pero nuestra primera movida siempre será reconocer cómo somos. En términos de crecimiento espiritual, la fe y convicción de que Dios me acepta como soy es una enorme ayuda para que mejoremos».[8]

Cuando nos aceptamos como lo que somos, decrece nuestro apetito de poder, o el deseo de que nos acepten los demás, porque nuestra intimidad propia refuerza nuestro sentido interno de seguridad. Ya no nos preocupa ser poderosos o populares. Ya no tememos a la crítica, porque aceptamos la realidad de nuestras limitaciones humanas. Una vez integrado esto, ya no nos sentimos perseguidos tan a menudo por el deseo de agradar a otros, simplemente porque ser sinceros con nosotros mismos nos da una paz que perdura. Agradecemos la vida, y nos apreciamos y amamos profundamente.

Este capítulo comenzó con la alabanza al poder de Dios manifestado en la obra de su creación, El evangelio de la gracia termina con una aparente dicotomía entre el poder de Dios y su amor. Porque la labor de crear es un acto de amor. El Dios que desde la punta de sus dedos echó a rodar este universo lleno de galaxias y estrellas, pingüinos y pájaros, escarabajos y gaviotas, perros y gatos, elefantes y helechos, loros e insectos, peras y duraznos, y un mundo lleno de hijos hechos a su imagen y semejanza, es el Dios que ama con magnífica monotonía.

Y todo aquel que vive el amor del Señor de la danza le dirá a usted: el sinónimo de monótono no es *aburrido*.

Capítulo tres

EL EVANGELIO ANDRAJOSO

Luego de leer todo el Evangelio de Lucas por primera vez, una chica dijo: «¡Vaya! ¡Pareciera que Jesús ama intensamente a los andrajosos!».

Esta jovencita sí que lo ha entendido.

Jesús pasó una desproporcionada cantidad de tiempo con gente que en los evangelios se describe como pobre, ciega, renga, leprosa, hambrienta, pecadora, prostituta, cobradora de impuestos, perseguida, pisoteada, cautiva, posesa por espíritus demoníacos, trabajadora y cansada, una turba que desconoce la ley, la multitud, los pequeños, los últimos, los menos importantes y las ovejas perdidas de la casa de Israel.

Digamos que Jesús se juntaba con los andrajosos.

Obviamente su amor por los "don nadie" y los fracasados no era un amor exclusivo…eso sustituiría un prejuicio por otro. Se relacionaba con amor, calidez y compasión con la clase media y los ricos también, no a causa de sus conexiones, sus finanzas, su inteligencia o su identidad, sino porque ellos también eran hijos de Dios. Y aunque el término *pobre* en e evangelio hace referencia a los que no tienen, a los oprimidos y a quienes dependen de la misericordia de los demás, también comprende a todo quien depende enteramente de la misericordia de Dios y acepta el evangelio de la gracia: los pobres de espíritu (Mateo 5:3).

La preferencia de Jesús por los pequeños y su parcialidad hacia los andrajosos es un acto irrefutable en la narrativa del evangelio. Como dijo el filósofo francés Maurice Blondel: «Si realmente quieres comprender a un hombre, no escuches sólo lo que dice, sino observa también lo que hace».

Uno de los misterios de la tradición del evangelio es esta extraña atracción de Jesús hacia los que no son atractivos, su extraño deseo por los indeseables, su extraño amor por los que no son amados. La clave de este misterio está, por supuesto, en Abba. Jesús hace lo que Él ve que hace su Padre. Ama a quienes su Padre ama.[1]

En su respuesta a la pregunta de los discípulos con respecto a quién es el más grande en el reino de los cielos (Mateo 18:1), Jesús abolió toda distinción entre la elite y la gente común en la comunidad cristiana:

«Y llamando Jesús a un niño, lo puso en medio de ellos, y dijo: De cierto os digo, que si no os volvéis y os hacéis como niños, no entraréis en el reino de los cielos. Así que, cualquiera que se humille como este niño, ése es el mayor en el reino de los cielos» (Mateo 18:2-4).

Jesús llega al corazón del asunto cuando sienta al niño sobre sus rodillas. El niño no es consciente de sí mismo, es incapaz de fingir. Esto me recuerda la noche en que el pequeño John Dyer, de tres años de edad, golpeó a nuestra puerta acompañado de sus padres. Lo miré y dije: «Hola John, ¡qué gusto verte!» No miró ni a derecha ni a izquierda. Su rostro parecía de piedra. Entrecerró los ojos con la apocalíptica mirada de quien enfoca en la mira de un rifle y exigió: «¿Dónde están las galletas?».

El reino les pertenece a los que no buscan verse bien ni impresionar a nadie. Ni siquiera a sí mismos. No viven planificando cómo llamar la atención, preocupándose por cómo se interpretarán sus acciones, o fijándose en los premios que recibirán por su buena conducta. Veinte siglos más tarde, Jesús le habla al ascético atrapado en el fatal narcisismo del perfeccionismo espiritual, a quienes somos encontrados con las manos en la masa haciendo alarde de nuestras victorias, a quienes nos preocupamos o nos quejamos por nuestras debilidades y defectos humanos. El niño no necesita pelear por ocupar una buena posición en su relación con Dios; no necesita ingeniárselas para explicar su posición ante Jesús; no necesita poner buena cara ni lograr estado alguno de sentimiento espiritual o comprensión intelectual. Lo único que debe hacer es aceptar de buena gana las galletas: el regalo del reino.

Cuando Jesús nos dice que nos volvamos como niños, nos está invitando a olvidar lo que hay detrás. El pequeño John Dyer no tiene pasado. Lo que hayamos hecho en el pasado, bueno o malo, grande o pequeño, es irrelevante en nuestra posición ante Dios hoy día. Es sólo *ahora* que estamos en presencia de Dios.

El significado de vivir en fidelidad en el presente, sin volver al pasado ni anticipar el futuro, se ve ilustrado maravillosamente en una historia Zen, acerca de un monje que era perseguido por un feroz tigre. Corrió hasta el borde del acantilado, miró hacia atrás y vio que el tigre gruñía disponiéndose a saltar. El monje vio una soga que pendía del borde del acantilado. Se aferró a ella y comenzó a descender con dificultad, alejándose de las garras del animal. Logró escapar justo a tiempo. Mirando hacia abajo vio una cantera de rocas puntiagudas, a unos 500 pies (152 m) debajo de él. Al contemplar hacia arriba, allí estaba aún el tigre esperándolo con las garras preparadas. Justo entonces, dos ratones aparecieron y comenzaron a roer la soga. ¿Qué podría hacer el monje ahora?

Vio una frutilla que crecía al alcance de su mano. Estiró el brazo, tomó la frutilla y la comió: «Mmm, es la mejor frutilla que haya probado en mi vida». Si hubiera estado preocupado por las rocas que había debajo (el futuro), o el tigre que había arriba (el pasado), no habría podido ver la frutilla que Dios le daba en el presente. Los niños no se concentran en los tigres del pasado o en el futuro. En cambio, ven la frutilla que aparece *en el aquí y el ahora*.

El apóstol Pablo comprendió el significado de la enseñanza de Jesús sobre volvernos como niños. Luego de haber guardado las ropas de los que apedreaban a Esteban, y como líder de las turbas que asesinaban a los cristianos, Pablo podría haberse vuelto patológico si se hubiera concentrado en su pasado, antes de ser un cristiano. Sin embargo, escribe: «Pero una cosa hago: olvidando ciertamente lo que queda atrás, y extendiéndome a lo que está delante...» (Filipenses 3:13).

Los logros del pasado que puedan significar honores, y las desgracias del pasado que pudieran significar vergüenza, todo esto ha sido crucificado con Cristo y ya no existe, excepto en las profundidades de la eternidad, donde «lo bueno se realza para gloria y lo malo milagrosamente es tomado como parte del bien mayor».[2]

Es importante recordar la actitud de los judíos hacia los niños en la Palestina del siglo I para comprender la fuerza de las enseñanzas de Jesús. Hoy día, solemos idealizar la niñez como la feliz edad de la inocencia, la despreocupación y la fe simple. Sin embargo, en tiempos del Nuevo Testamento, los niños no eran importantes y merecían poca atención o favor. «Los niños en esa sociedad no tenían estado social alguno, no importaban».[3] Se les veía quizás hasta con desprecio.

Para el discípulo de Jesús «volverse como niño» significa estar dispuesto a aceptarse como alguien de poco valor, alguien no importante. El niño pequeño que es imagen del reino es el símbolo de quienes tienen las posiciones menores en la sociedad, los pobres y oprimidos, los mendigos, las prostitutas y los recolectores de impuestos, las personas a quienes Jesús llamó a menudo «pequeños» o «menores». Jesús se preocupaba porque estos pequeños o menores no fueran despreciados o tratados como seres inferiores: «Mirad que no menospreciéis a uno de estos pequeños» (Mateo 18:10). Conocía muy bien sus sentimientos de vergüenza e inferioridad, y a causa de su compasión eran a sus ojos de valor extraordinario. En lo que se refiere a Jesús, no tenían motivo de temor. El reino era de ellos. «No temáis, manada pequeña, porque a vuestro Padre le ha placido daros el reino» (Lucas 12:32).

Jesús les dio a los despreciados un lugar de privilegio en el Reino y los presentó como modelos ante sus futuros discípulos. Debían aceptar el reino de la misma manera en que un niño acepta lo que se le da. Si los niños eran privilegiados, no era a causa de su mérito, sino simplemente porque Dios se complacía en estos pequeños a quienes los adultos despreciaban. La misericordia de Jesús llegaba a ellos a partir de la gracia no merecida, y de la divina preferencia.

El himno de júbilo en Lucas gira en torno al mismo tema: «Te bendigo, Padre, Señor del cielo y de la tierra, por esconder estas cosas el sabio y el inteligente y por revelarlas a los meros niños. Sí, Padre, porque esto es lo que te complace».

Los escribas eran tratados con excesiva deferencia en la sociedad judía a causa de su educación y conocimiento. Todos les tenían respeto por su inteligencia y sabiduría. Los «meros niños» (*napioi* en griego, que significa bebé), eran la imagen de Jesús para representar al ignorante, al que no tenía educación.[4] Está diciendo que el evangelio de la gracia ha sido revelado y comprendido por el ignorante y el no educado, en lugar del sabio y culto. Por esto, Jesús agradece a Dios.

Los bebés (*napioi*) comparten la posición de los niños (*paidia*). La gracia de Dios es derramada sobre ellos porque son criaturas casi sin valor, no por sus buenas cualidades. Quizás conozcan su poca valía, aunque no es esta la razón por la que se les prodiga la revelación. Jesús atribuye expresamente su buena fortuna a la complacencia del Padre, la divina *eudokia*. Los regalos no se determinan por la cualidad personal o la virtud. Son dados libremente. De una vez y para siempre, Jesús anula toda distinción entre la elite y las personas comunes en la comunidad cristiana.

El privilegio de los pecadores arroja nueva luz sobre el evangelio de los andrajosos. Como mencioné anteriormente, Jesús se sienta a la mesa en la casa de Leví. Los escribas y los fariseos le acosan preguntándole por qué se reúne con los andrajosos, y Jesús les responde que Él ha venido a llamar a los pecadores, no a los que se llaman justos.

Los pecadores a quienes Jesús dirigió su ministerio mesiánico no eran los que faltaban a su deber cristiano, ni a la iglesia el día domingo. Su ministerio era para quienes la sociedad consideraba *verdaderos* pecadores. Los que no habían hecho nada para merecer la salvación. Sin embargo, se abrieron al regalo que se les ofrecía. Por su parte, los que se llamaban justos confiaban en la obra de la ley, y cerraron su corazón al mensaje de gracia.

La salvación que Jesús traía, empero, no podía ser ganada. No podía negociarse con Dios en la mesa de póquer: «He hecho esto, y por eso me debes tal cosa». Jesús destruye la noción jurídica de que nuestras obras exigen paga. Nuestras débiles y fútiles obras no nos dan derecho a negociar con Dios. Todo depende de su complacencia.

Hace varios años, leí una carta en tono de ira, dirigida al editor de una revista evangélica nacional, de parte de un sacerdote católico muy enojado. Él participaba activamente en el ministerio de evangelización. Protestó con vehemencia contra la nota de la portada y la fotografía principal de Francis MacNutt, también sacerdote católico con un ministerio mundial de sanidad. MacNutt había contraído matrimonio recientemente. La carta exigía saber por qué un artículo anterior que hacía referencia al autor de la misiva se había publicado en las últimas páginas, sin siquiera una fotografía. Él había respetado el celibato todos estos años, y le dispensaban trato de segunda categoría, mientras MacNutt que había desobedecido al Papa y había renunciado al sacerdocio, era tratado como una estrella. El autor de la carta consideraba que esto era muy injusto.

Mi esposa Roslyn leyó la carta y observó: «Suena como el hermano mayor del hijo pródigo».

Sin embargo, este decidido malestar con respecto al evangelio de la gracia no se limita a una tradición cristiana en particular. En toda denominación y en toda comunidad cristiana no denominacional hay gente que busca ganar el favor de Dios zambulléndose en más actividades espirituales, multiplicando altares y sacrificios, haciendo donaciones a obras de caridad, alargando el tiempo de la oración formal e involucrándose en más organizaciones eclesiásticas.

Necesitamos discernir con cuidado. La evidencia de la honestidad, la sinceridad y el esfuerzo es considerable. El estilo de vida del cristiano es correcto, apropiado y pío. ¿Qué es lo que falta?

Falta rendirse ante el Cristo de la gracia.

El peligro que entrañan nuestras buenas obras, nuestra

inversión espiritual y todo lo demás, es que podemos construir una imagen de nosotros mismos en la que situemos nuestra propia valía. La complacencia en nosotros mismos entonces reemplaza el deleite en el amor incondicional de Dios. Nuestro hacer se convierte en el deshacer del evangelio de los andrajosos.

En ninguna parte del Nuevo Testamento se revela con mayor claridad la posición privilegiada de los marginales, de los que no valen nada para la sociedad, como en el ministerio de Jesús relacionado con compartir el pan.

En nuestra era moderna quizás no lleguemos a apreciar el escándalo causado por Jesús al sentarse a la mesa junto a pecadores.

«En el año 1925, un acaudalado propietario de una plantación de Atlanta invitó formalmente a cuatro recolectores de algodón, personas de color, a venir a su mansión para cenar el día domingo. Habría cócteles previos y coñac en la sobremesa. La aristocracia de Georgia se había enfurecido, al igual que la de la vecina Alabama y los del Ku Klux Klan. Hace sesenta o setenta años, el sur de los Estados Unidos sostenía un sistema inviolable de castas sociales y de discriminación inflexible. Toda falta de discreción llevaba inevitablemente a la pérdida de la buena reputación».[5]

En el judaísmo palestino del siglo I, el sistema de clases se cumplía rigurosamente: estaba prohibido por la ley mezclarse con los pecadores que estaban fuera de la ley; sentarse a la mesa con los mendigos, los cobradores de impuestos (traidores a la patria porque cobraban impuestos para Roma a su propio pueblo, para quedarse con una comisión) y las prostitutas, era un tabú religioso, social y cultural.

Tristemente, el significado de compartir el pan se ha perdido en la comunidad cristiana de hoy. En el Cercano Oriente, compartir la comida con alguien es garantía de paz, confianza, fraternidad y perdón; compartir la mesa es símbolo de compartir la vida. Si un judío ortodoxo dice: «Me gustaría cenar contigo», está metafóricamente diciendo: «Quiero ser tu amigo». Aun hoy, el judío norteamericano compartirá una rosquilla y una taza de café con usted, pero invitarle a cenar equivale a decir: «Ven a mi *mikdash me-at*, el santuario en miniatura de mi mesa de comedor, donde celebraremos la experiencia más sagrada y hermosa de la vida: la amistad». Esto es lo que oyó Zaqueo cuando Jesús le llamó a bajar del sicómoro, y es por ello que al sentarse a la mesa con esta gente, Jesús dio lugar a comentarios hostiles desde el inicio de su ministerio.

No escapaba a la atención de los fariseos que Jesús quería hacer amistad con la turba. No sólo estaba infringiendo la ley, sino que destruía la estructura misma de la sociedad judía: «Al ver esto, todos murmuraban, diciendo que había entrado a posar con un hombre pecador» (Lucas 19:7). A Zaqueo, sin embargo, le llenó de gozo la invitación, porque no disfrutaba del respeto de la gente.

«Sería imposible sobreestimar el impacto de estas comidas compartidas entre los pobres y los pecadores. Al aceptarlos como amigos e iguales, Jesús eliminaba su vergüenza, humillación y culpa. Al mostrarles que se preocupaba por ellos como personas, les dio un sentido de la dignidad que les liberó de su antiguo cautiverio. El contacto físico que debe haber tenido con ellos alrededor de la mesa (Juan 13:25), y que obviamente jamás habría soñado con impedir (Lucas 7:28-29), debe haber hecho que se sintieran limpios y aceptables. Además, como a Jesús se le consideraba un hombre de Dios y un profeta, habrán interpretado este gesto de amistad como señal de la aprobación de Dios. Ahora eran aceptables ante Dios. Sus pecados, su ignorancia e inmundicia eran pasados por alto y ya no eran motivo de acusación en su contra».[6]

Mediante este acto de amistad alrededor de la mesa, Jesús estableció de manera ritual la visión del amor indiscriminado de Abba... un amor que hace que su sol brille sobre el malo y el bueno, y que su lluvia riegue al honesto y al deshonesto por igual (Mateo 5:45). La inclusión de los pecadores en la comunidad de salvación, simbolizada en la reunión alrededor de la mesa, es la más dramática expresión del evangelio de la gracia, del misericordioso amor del Dios redentor.

La investigación bíblica indica que Jesús no tenía casa en Capernaum, ni compartía la vivienda con Pedro, Andrés y sus familias. Sin dudas, en su ministerio como evangelista itinerante, Jesús ha de haber dormido junto al camino, o se habrá albergado en casa de amigos. «Mas el Hijo del Hombre no tiene dónde recostar su cabeza» (Mateo 8:20). Pero quizás hayamos tomado demasiado literalmente esto: «Es difícil entender por qué se acusó a Jesús de recibir a los pecadores (Lucas 15:2), si no tenía casa dónde recibirlos».[7]

Al volver, luego de sus viajes de misión, Jesús tal vez haya tenido alguna residencia casi permanente donde recibiera a los demás. Compartir la mesa era algo tan frecuente que se acusó a Jesús de borracho y glotón (Lucas 7:34). La lista de invitados incluía un desfile de vendedores ambulantes, prostitutas, pastores, jugadores empedernidos y reyes de los barrios bajos. Jesús no era un escalador social.

Hoy, los que buscan un cierto estatus social, eligen a sus invitados y se preparan cuidadosamente (manteles, porcelana, plata, flores frescas, vino caro, salsa de trufas, pato con fresas glaseadas, postre de chocolate, etc.), para impresionar a las personas con quienes desean quedar bien. Luego esperan ansiosamente para ver si su invitación se ve retribuida.

Consciente o inconscientemente, hoy día esta gente no subestima el poder ritual de compartir la comida. Los pecadores invitados de Jesús conocían que el compartir la mesa significaba más que una cortesía o un acto de educación. Significaba paz, aceptación, reconciliación y hermandad. «Para Jesús esta comunión alrededor de la mesa con aquellos a los que los devotos despreciaban no era meramente la expresión de la tolerancia y el sentimiento humanitario. Era la expresión de su misión y mensaje: paz y reconciliación para todos, sin excepción, aun para los fracasados de la moral».[8]

El retrato de Jesús que presenta el Evangelio es el de alguien que apreciaba la vida, y especialmente a las otras personas, como un amoroso regalo de manos del Padre. Las figuras periféricas que Jesús conoció durante su ministerio reaccionaron de diversas maneras ante su persona y su mensaje, pero hubo algunas que respondieron con tristeza o pesadumbre. (Eran como el joven rico que rechazó su mensaje). La presencia viviente de Jesús despertaba gozo y liberaba a las personas. En realidad, el gozo fue el resultado más característico a lo largo de su ministerio entre los andrajosos.

«Y los discípulos de Juan y los de los fariseos ayunaban; y vinieron, y le dijeron: ¿Por qué los discípulos de Juan y los de los fariseos ayunan, y tus discípulos no ayunan? Jesús les dijo: ¿Acaso pueden los que están de bodas ayunar mientras está con ellos el esposo? Entre tanto que tienen consigo al esposo, no pueden ayunar» (Marcos 2:18-19).

Jesús festejaba y comía, en tanto Juan ayunaba. Si bien el llamado a la conversión de Juan estaba esencialmente ligado a las prácticas de penitencia, el llamado de Jesús está conectado fundamentalmente a ser compañero de mesa, a comer y beber con Jesús, en quien se manifiesta la misericordia de Dios hacia los pecadores. Partir el pan con Jesús era una celebración festiva de buena compañía en la que había salvación. El ascetismo no sólo era inapropiado sino impensable en presencia del Esposo.

Este notable pasaje ilumina el extraordinario encanto del Carpintero-Mesías. Los andrajosos descubrían que compartir la comida con Él era una experiencia liberadora y gozosa. Él los liberaba del odio hacia sí mismos, exhortándoles a no confundir la percepción que tenían de ellos mismos con el misterio que eran en verdad, y les daba lo que necesitaban más que cualquier otra cosa: ánimo para su vida, diciéndoles palabras de consuelo y aliento como: «No vivan con miedo, pequeño rebaño. No tengan miedo. El miedo no sirve de nada. Se necesita confianza. Dejen de preocuparse y alégrense, sus pecados han sido perdonados». No es de extrañar que el evangelista Marcos preservara este recuerdo de Jesús con sumo cuidado.

El gozo contagioso de Jesús (sólo quienes lo sienten pueden transmitirlo) infectaba y liberaba a sus seguidores. El autor de Hebreos dice: «Jesucristo es el mismo ayer, hoy y siempre» (13:8). Si Jesús apareciera esta noche sentado a su mesa, sabiendo todo lo que usted es y lo que no es, conociendo la historia de su vida y todas las cosas enterradas en su pasado; si presentara ante usted su estado real en el discipulado, con los motivos escondidos e intereses mezclados, los compromisos ocultos, los oscuros deseos enterrados en su psiquis, usted sentiría su aceptación y perdón. Porque «sentir el amor de Dios en Jesucristo significa sentir que uno ha sido aceptado sin reservas, aprobado y amado infinitamente, sintiendo que uno puede y debiera aceptarse a sí mismo y al prójimo. La salvación es gozo en Dios, que se expresa en gozarse en y con nuestro prójimo».[9]

Por ello, ni siquiera podemos imaginar un Jesús sin gozo, estoico, con cara de piedra y dispuesto a juzgar a los andrajosos con quienes andaba. La personalidad humana de Jesús es subestimada cuando se le percibe como máscara pasiva para discursos dramáticos de divinidad. Esta timidez le despoja de su humanidad, lo encasilla en un molde y concluye que Él no rió, no lloró, no sonrió ni se sintió herido, sino que simplemente pasó por nuestro mundo sin compromiso emocional alguno.

Marcos registra que un grupo de padres, que obviamente percibían el amor de Dios en Jesús, le pidieron que bendijera a sus pequeños. Los discípulos se enojaron porque estaban cansados después de un largo viaje a pie desde Capernaum a Judea, junto al Jordán, e intentaron echar a los niños. Jesús se molestó visiblemente y acalló a los Doce con una mirada. Marcos observa especialmente que Jesús alzó a cada uno de los niños, lo sostuvo en su regazo y bendijo a todos, *uno por uno*.

Mi amigo Robert Frost comenta:

«Me alegra mucho que Jesús no sugiriera que reunieran a los niños para una bendición colectiva porque Él estaba cansado. En cambio, se tomó el tiempo para cada niño, llevarlo junto a su corazón y orar con sinceridad por todos ellos... antes de que fueran a dormir, llenos de alegría. Uno recuerda con ternura un hermoso pasaje mesiánico de los profetas: "Como pastor apacentará su rebaño; en su brazo llevará los corderos, y en su seno los llevará; pastoreará suavemente a las recién paridas" (Isaías 40:11). Creo que aquí hay una lección para todo aquel que tenga la intención de imponer condiciones falsas en cuanto a *quiénes debieran recibir la gracia de Dios. Él los bendijo a todos*».[10]

Un breve paréntesis del tema: Hay algo maravilloso en los niños con relación a la franqueza de su mente y al insaciable deseo de aprender de la vida. La actitud sincera es como una puerta abierta que da la bienvenida... una disposición para recibir a los compañeros de viaje que golpean a nuestra puerta en medio del día, de la semana o del año. Algunos están cansados, sucios, agobiados o atribulados. El sofisticado adulto que hay en mí se estremece y se muestra renuente a ofrecerles hospitalidad. Quizás traigan bajo sus harapos regalos preciosos, pero aun así prefiero a los cristianos bien rasurados, vestidos con corrección y que afirman mi visión, que se hacen eco de mis pensamientos, me acarician y me hacen sentir bien. Sin embargo, el niño que hay dentro de mí protesta: «Quiero amigos nuevos, no espejos viejos».

Cuando el niño que hay dentro de nosotros no está bien alimentado, nuestras mentes gradualmente se cierran a lo nuevo, a los compromisos sin fines de lucro, a las sorpresas del Espíritu. La fe evangélica entra en trueque, a cambio de piedad cómoda. Al negarnos a correr el riesgo, distorsionamos la imagen de Dios, transformándolo en Contable, y el evangelio de la gracia se ve desplazado por la seguridad de la esclavitud religiosa.

«A menos que se vuelvan como niños...» ¡El cielo se llenará de pequeños!

Burkhardt escribe: «Temo por el abogado cuya existencia consiste únicamente en la ley impositiva, por el doctor cuya existencia se centra en la próstata de otro, por el ejecutivo cuya única responsabilidad es hacia sus accionistas, por el atleta que pone todos sus huevos en una canasta de 18 pulgadas (46 cm), por el teólogo que cree que el mundo se salvará gracias a la teología... Una mente cerrada mata matrimonios y relaciones humanas, acalla sentimientos y sensibilidades; va hacia una iglesia que vive en un laberinto de túneles, sin comunicación ni salida».[11]

Si mantenemos la franqueza mental de los niños, desafiamos las ideas establecidas y las estructuras, incluyendo las propias. Escuchamos a personas de otras denominaciones y otras religiones. No encontramos demonios en aquellos con quienes no estamos de acuerdo. No nos acercamos a personas que sólo hablan nuestra jerga. Si somos sinceros, rara vez recurriremos al «esto o aquello»: la evolución o la creación, libertad o ley, sagrado o secular, Beethoven o Madonna. Nos concentramos, en cambio, en «tanto esto como aquello», sabiendo muy bien que la verdad de Dios no puede aprisionarse en una pequeña definición. Por supuesto, la mente franca no aceptará cualquier cosa sin criterio alguno: el marxismo y el capitalismo, el cristianismo y el ateísmo, el amor y la lujuria, el Moët Chandon y el vinagre. No absorbe todas las proposiciones por igual como una esponja, ni es igual de blanda. Pero sí puede ver que la realidad, la verdad y Jesucristo tienen finales increíblemente abiertos. (Cierro aquí el paréntesis).

El espíritu andrajoso de Jesús a veces aflora en los lugares menos pensados, y a menudo está ausente en aquellos donde esperamos encontrarlo. Permítame cerrar este capítulo con una historia sobre dos comunidades, ambas muy cercanas a mi existencia: una de ellas tiene que ver con el alcoholismo, y la otra, con Roslyn.

Una noche cálida de verano en Nueva Orleans, dieciséis alcohólicos y drogadictos en recuperación se reúnen para su encuentro semanal de AA (Alcohólicos Anónimos). Si bien varios de los miembros asisten a otras reuniones durante la semana, este es su grupo de base. Se han estado reuniendo los martes por la noche durante varios años, y se conocen muy bien. Algunos se llaman por teléfono todos los días, y otros se encuentran durante la semana para salir. La inversión personal en la sobriedad del otro es importante. Nadie engaña a nadie aquí. Todos están allí porque han hecho un desastre de su vida y ahora intentan volver a juntar los pedazos. Cada reunión está marcada por la levedad y la seriedad. Algunos miembros son acaudalados, otros son de clase media o pobre. Algunos fuman, otros no lo hacen. La mayoría bebe café. Algunos son graduados de la universidad, otros ni siquiera han terminado la secundaria. Durante una hora, los altos y poderosos descienden, y los de abajo suben. El resultado es el compañerismo.

La reunión se inició con la Oración de la Serenidad, seguida de un momento de silencio. Harry lee el prólogo del Gran Libro de Alcohólicos Anónimos, para seguir con el repaso de los Doce Pasos del programa, a cargo de Michelle. Esa noche, Jack es el líder designado.

—Hoy me gustaría conversar sobre la gratitud —dice él—. Pero si alguien quiere hablar sobre algo más, por favor, hagámoslo.

Inmediatamente, Phil levanta la mano.

—Como todos saben, la semana pasada fui a Pensilvania a visitar a mis parientes y no vine a la reunión. También saben que no he bebido durante siete años. El lunes pasado me emborraché, y estuve ebrio durante cinco días.

Sólo se oye el goteo de la cafetera eléctrica.

—Todos conocemos la palabra clave de este programa: C.H.I.S. [H.A.L.T., siglas en inglés], la cual representa las cuatro cosas que debemos evitar: cansancio, hambre, ira y soledad, para no ser vulnerables al primer trago. A mí me

atacaron la ira, la soledad y el cansancio. Entonces, destapé
la botella y…

La voz de Phil se ahoga, y él agacha la cabeza. Miré a los
demás: ojos húmedos, lágrimas de compasión, sollozos.

—Lo mismo me sucedió a mí, Phil, pero yo estuve ebrio
durante un año.

—Gracias a Dios, estás de vuelta.

—Hombre, eso sí es tener agallas.

—La recaída precede al alivio, Phil —dice un consejero
de abuso de sustancias—. Reunámonos mañana y pensemos
cuál es el alivio que precisas, y por qué.

—Estoy tan orgulloso de ti.

—Diablos, yo ni siquiera llego cerca de los siete años.

Al terminar la reunión, Phil se puso de pie. Sintió una
mano en el hombro y otra en el rostro. Luego besos en sus
ojos, su frente, su cuello y su mejilla.

—Viejo andrajoso —dice Denise—. Vamos. Te invito a
comer una 'banana split'* en la heladería.

La segunda historia tiene que ver con Roslyn, tuvo lugar
durante un curso de postgrado para educadores religiosos en
la Universidad Loyola de Nueva Orleans, en el verano de 1981.

La Dra. Meghan McKenna daba una conferencia sobre el
escenario del Nuevo Testamento, en donde comenzó el ministerio de Jesús. Los cuatro grupos religiosos dominantes eran
los fariseos, los saduceos, los zelotes y los esenios. Los fariseos
se separaban de todo quien no fuera fiel a la ley y las tradiciones, para formar comunidades cerradas que incluyeran al
remanente fiel de Israel. Su nombre significa «los apartados»,
es decir, los santos, la verdadera comunidad de Israel. Su moralidad era legalista y burguesa, cuestión de recompensa y

---

* Nota de traducción: un postre hecho con banana, helado, sirope y nueces
picadas.

castigo. Dios amaba y recompensaba a quienes guardaran la ley, en tanto odiaba y castigaba a quienes no lo hicieran.

La Dra. McKenna habló de la posición de los saduceos, los más conservadores, quienes comprendían en su mayoría a la aristocracia acaudalada; los zelotes, que veían la sumisión a Roma como un acto de infidelidad a Dios; y los esenios, que rechazaban a todo quien no perteneciera a su secta. Se apartaban por completo de la sociedad, y vivían una vida de celibato y ascetismo en el desierto. Quien fuera ajeno a su grupo era odiado, como hijo de las tinieblas. El amor y el respeto se reservaban para los miembros de su grupo, los hijos de la luz.

Los «pecadores», continuó McKenna, eran parias sociales. Aquel que por algún motivo de desviara de la ley y las costumbres de la clase media (los cultos y virtuosos, los escribas y fariseos), era tratado como alguien inferior, perteneciente a una clase social baja. Los pecadores eran un grupo social bien definido.

Al finalizar su conferencia, la Dra. McKenna sugirió: «Hagamos unos ejercicios aquí, en el aula. Por favor, que se pongan de pie los no fumadores, allí, junto a la pared. Los que han dejado de fumar, permanezcan en el centro del aula. Y quienes siguen fumando, formen un grupo aquí a la derecha».

Treinta de los profesionales jamás habían fumado, doce habían dejado de hacerlo y tres eran aún fumadores.

—En esa época —dijo Roslyn— yo pertenecía al último grupo. Inmediatamente sentí la separación.

—Ahora conversemos sobre dos preguntas —dijo McKenna—. Primero, ¿cómo se sienten sobre la reglamentación de hoy con respecto a los fumadores aquí en la universidad, en restaurantes, en los aeropuertos, en el mundo corporativo y demás?

Los tres grupos estuvieron unánimemente de acuerdo,

diciendo que era algo bueno y ecológicamente importante, que cuidaba la vida y el bienestar de los demás.

—La segunda pregunta: ¿cómo se sienten con relación a los fumadores como personas?

—Son asquerosos, desconsiderados —dijo un no fumador.

—Obviamente, quien fuma tiene baja autoestima y una mala imagen de sí mismo —dijo otro.

—No tienen fuerza de voluntad.

—Son un mal ejemplo para los adolescentes.

—Tengo serias dudas acerca de su fe y lo profundo de su relación con Cristo.

—¿Acaso no saben que envenenan la atmósfera?

Roslyn dice: «Me aparté junto a la pared, sintiéndome como la mujer atrapada cometiendo adulterio. El ambiente repentinamente se había vuelto hostil. Durante los últimos cuatro años de universidad, había orado, adorado, compartido cafés y momentos de recreo y estudio con estas personas. Sentía que estábamos íntimamente vinculados, por nuestra vida y ministerio compartidos. Los fumadores reformados fueron más comprensivos porque habían estado allí, en el lugar de la adicción. Al principio sentí enojo. Luego quise llorar. Nunca me había sentido tan sola.

Sonó el timbre indicando el final de la clase. Salimos del aula en silencio.

Al día siguiente, la Dra. McKenna pidió, como siempre, que los estudiantes compartieran sus reacciones y sentimientos con relación al ejercicio del día anterior.

—Ayer aprendí algo acerca de mí misma —dijo la mujer que había hecho los comentarios más duros durante el ejercicio— necesito ser mucho más compasiva hacia los que no son iguales a mí.

—¿Cómo te sentiste ayer, Roslyn? —preguntó la maestra.

—De pie junto a la pared, pensé que las personas del

grupo uno me habrían apedreado si hubieran tenido piedras a
su alcance. Ví que era difícil para mí mirarlas y decir: «Padre,
perdónalos porque no saben lo que hacen».

El ejercicio de la Dra. McKenna cumplió su cometido.
Las palabras de ira que Jesús dijo a los fariseos de su tiempo,
llegan a nuestros días. Hoy no se dirigen sólo hacia los tele
evangelistas caídos, sino a cada uno de nosotros. No entendemos nada de lo que dice Jesús cuando utilizamos sus palabras como armas en contra de los demás. Ellas deben ser
aplicadas personalmente. Esta es la forma del fariseísmo cristiano de hoy. La hipocresía no es prerrogativa de quienes está
en alta posición. Los más pobres entre nosotros podemos ser
hipócritas: «La hipocresía es la expresión natural de lo peor
que hay en nosotros».[12]

El evangelio andrajoso revela que Jesús perdona los pecados—incluyendo los de la carne—y que Él se siente cómodo con el pecador que recuerda cómo mostrar compasión,
pero que no puede ni tendrá relación con los que fingen en
el Espíritu.

Quizás la verdadera dicotomía en la comunidad cristiana de hoy no sea entre los conservadores y los liberales, los
creacionistas y los evolucionistas, sino entre los despiertos y
los que están dormidos. El cristiano andrajoso reconoce con
MacBeth: «La vida es un pobre actor que padece su hora
sobre el escenario, y luego ya no vuelve a ser oído».[13] Como el
inteligente reconoce su estupidez, así también el cristiano despierto reconoce que es andrajoso.

Aunque la verdad no siempre sea la humildad, la humildad
sí es siempre la verdad: el crudo reconocimiento de que debo
mi vida, mi ser y mi salvación a Otro. Este acto fundamental
está en el centro de nuestra respuesta ante la gracia.

La belleza del evangelio andrajoso reside en la visión
que nos ofrece de Jesús: la esencial ternura de su corazón, su

modo de ver el mundo, su manera de relacionarse con usted y conmigo. «Si realmente quieres comprender a un hombre, no escuches sólo lo que dice, sino observa también lo que hace».

Capítulo cuatro

HALOS TORCIDOS

Un hombre va a ver al doctor y le dice:
—Doctor, sufro terribles dolores de cabeza. Nada me alivia. ¿Puede ayudarme?

—Claro —dice el doctor—, pero primero permítame hacerle unas preguntas. ¿Bebe muchas bebidas alcohólicas?

—¿Alcohol? —dice indignado el hombre—. Jamás toco esa porquería.

—¿Fuma?

—Creo que el cigarrillo es asqueroso. Jamás he tocado tabaco en mi vida.

—Disculpe mi indiscreción, pero...usted sabe cómo son algunos hombres, ¿sale usted por las noches?

—¡Claro que no! ¿Quién cree que soy? A las diez de la noche estoy ya en la cama.

—Dígame —continúa el doctor—, ¿ese dolor de cabeza es punzante, como si le estuvieran apretando?

—Sí —responde el hombre— es como si algo me apretara.

—¡Es muy sencillo, mi querido amigo! Su problema es que lleva el halo demasiado ajustado. Sólo hace falta aflojarlo un poco.[1]

El problema con nuestros ideales es que si siempre tuviéramos que vivir a la altura de ellos, nos volveríamos imposibles.

El halo torcido del pecador salvo es flojo, y se lleva con gracia. Hemos descubierto que la cruz ha logrado mucho más que revelarnos el amor de Dios. La sangre del Cordero nos señala la verdad de la gracia: lo que no podemos hacer por nosotros mismos, lo ha hecho Dios por nosotros. En la cruz, de algún modo, Cristo se llevó nuestros pecados, tomando nuestro lugar, y murió por nosotros. En la cruz, Jesús desenmascara al pecador, no sólo como *mendigo* sino como *criminal* ante Dios. Jesucristo cargó con nuestros pecados y se los llevó. No podemos lavar la mancha de nuestros pecados, pero él es el Cordero que ha quitado el pecado del mundo.

El pecador salvado por gracia se siente maravillado ante el Calvario, ante la cruz, y especialmente se pregunta: *¿Por qué murió Él?* Una pista nos la da el Evangelio de Juan: «Dios amó tanto al mundo que dio a su único Hijo, para que todo quien crea en Él no muera, sino tenga vida eterna». Otra pista nos la da Pablo en su clamor a los gálatas: «Me amó y se entregó por mí». La respuesta está en el amor.

Sin embargo, nos parece demasiado fácil, muy sencillo. Sí, Dios nos salvó porque nos ama. Pero Él es Dios. Tiene infinita imaginación. ¿No podría haber ideado una redención diferente? ¿No podría habernos salvado con una sonrisa, con un poco de hambre, con una palabra de perdón o una sola gota de sangre? Y si Él tenía que morir, entonces por amor a Dios—por amor a Cristo—¿no podría haber muerto en su cama, con dignidad? ¿Por qué fue condenado como un criminal? ¿Por qué le dieron latigazos? ¿Por qué lo coronaron con espinas? ¿Por qué lo clavaron al madero y le dejaron morir, en solitaria y terrible agonía? ¿Por qué fue su último aliento en sangrienta desgracia, mientras el mundo por el cual Él moría alentaba a sus verdugos con furia salvaje como si se tratara de una pandilla de incivilizados violadores en el Parque Central? ¿Por qué tenían que matar al mejor?

Una cosa sí sabemos... no podemos llegar a comprender el amor de Jesucristo. Oh, sí, vamos a ver una película y nos hacemos eco de lo que un hombre y una mujer pueden soportar en pos de su romance. Sabemos que cuando es necesario, si amamos lo suficiente, podemos echar al viento la vida y la precaución por nuestro ser amado. Pero cuando se trata del amor de Dios en el cuerpo quebrado y sangrante de Jesucristo, nos ponemos inquietos y hablamos sobre teología, la justicia divina, la ira de Dios y la herejía del universalismo.

El pecador salvado se postra en adoración, perdido en la maravilla y la alabanza. Sabe que el arrepentimiento no es lo que hacemos para ganar el perdón; es lo que hacemos porque hemos sido perdonados. Sirve como expresión de gratitud, en lugar de ser un esfuerzo por ganar el perdón. Esta es la secuencia: perdón y luego arrepentimiento, en lugar de arrepentimiento y después perdón. Esto es lo que esencialmente debemos entender acerca del evangelio de la gracia.

Sin embargo, muchos de nosotros no conocemos a nuestro Dios ni entendemos su evangelio de la gracia. Para muchos, Dios es alguien que está allí sentado, como un Buda, impasible, inmóvil, duro como la piedra. El Calvario nos habla a gritos, con claridad que excede a cualquier texto de teología: No conocemos a nuestro Dios. No hemos llegado a entender la verdad de 1 Juan: «En esto está el amor, no en que nosotros amemos a Dios, sino en que él nos amó y envió a su hijo para propiciación de nuestros pecados». La cruz nos revela la profundidad del amor del padre hacia nosotros: «No hay mayor amor que el de quien da la vida por sus amigos».

El discípulo que vive por gracia, en lugar de por ley, ha pasado por una conversión decisiva: *de la desconfianza a la confianza*. La característica principal de vivir por gracia es la confianza en la obra redentora de Jesucristo.

Creer profundamente, como creía Jesús, que Dios está presente y activo en la vida humana, significa comprender que soy un hijo amado de este Padre, y por ello, *libre para confiar*. Esto marca una profunda diferencia en el modo en que me relaciono conmigo mismo y con los demás, y también en mi modo de vivir. Confiar en Abba, tanto en la oración como en la vida, es ser franco como un niño ante el misterio del amor y la aceptación de la gracia.[2]

La religión legalista tiende a desconfiar de Dios, de los demás y—en consecuencia—de nosotros mismos. Permítame ser más íntimo por un momento. ¿Realmente cree usted que el Padre de nuestro Señor y Salvador Jesucristo nos concede su gracia, que realmente se preocupa por usted? ¿Cree realmente que Él está siempre, invariablemente presente como compañero y apoyo para usted? ¿Verdaderamente cree usted que Dios es amor?

¿O ha aprendido acaso a temer a este Padre de la gracia, tan amoroso? «En el amor no hay temor, sino que el perfecto amor echa fuera el temor; porque el temor lleva en sí castigo. De donde el que teme, no ha sido perfeccionado en el amor» (1 Juan 4:18). ¿Ha aprendido a pensar en el Padre como en el juez, el espía, el que impone disciplina y castiga? Si piensa de esta manera, está equivocado.

El amor del Padre se revela en el amor del Hijo. Se nos ha dado al Hijo para que abandonemos el miedo. No hay miedo en el amor. El Padre envió al Hijo «para que tengamos vida, y…en abundancia» (Juan 10:10). ¿No es el Hijo del Padre su señal más grande de amor y gracia? ¿No ha venido acaso a mostrarnos cuánto se preocupa por nosotros el Padre? («El que me ve, ve al que me envió» [Juan 12:45]). El Padre no es justicia y el Hijo, amor. El Padre es justicia *y* amor; el Hijo es amor *y* justicia.

Abba no es nuestro enemigo. Si pensamos de esta manera, estamos equivocados.

Abba no se esmera por ponernos a prueba, por tentarnos y probarnos. Si pensamos de esta manera, estamos equivocados.

Abba no prefiere ni promueve el sufrimiento y el dolor. Si pensamos de esta manera, estamos equivocados.

Jesús trae buenas nuevas del Padre, no malas noticias.

Necesitamos un nuevo tipo de relación con el Padre que elimine nuestro miedo, desconfianza, ansiedad y culpa, que nos permita sentir esperanza y gozo, compasión y confianza. Debemos convertir las malas noticias en buenas, y en lugar de no esperar nada, esperar algo.[3] «El tiempo se ha cumplido, y el reino de Dios se ha acercado; arrepentíos, y creed en el evangelio» (Marcos 1:15). Apártese de los pecados de escepticismo y desesperanza, de desconfianza y cinismo, de la queja y la preocupación.

El evangelio de la gracia nos llama a cantar acerca del cotidiano misterio de la intimidad con Dios, en lugar de siempre estar buscando milagros o visiones. Nos llama a cantar de las raíces espirituales de experiencias tan comunes como el enamorarse, el decir la verdad, el criar a un niño, el enseñar a una clase, el perdonarnos después de lastimarnos, el estar juntos en los momentos duros, en los momentos de sorpresa y sexualidad, en lo radiante de la existencia.[4] De estas cosas se trata el reino de los cielos, y de tales misterios cotidianos está hecha la religión genuina. La conversión de la desconfianza a la confianza es una gesta en busca del significado espiritual de la existencia humana. La gracia abunda y anda rondando el borde de nuestra experiencia cotidiana.

Confianza define el significado de vivir por la gracia y

no por las obras. Confianza es como trepar una escalera de quince metros, llegar arriba de todo, y oír que alguien desde abajo nos grita: «Salta». El discípulo que confía tiene esta confianza como de niño en un Padre amoroso. La confianza en efecto dice: «Abba, sobre la base de lo que me has mostrado en tu Hijo Jesús, creo que me amas. Me has perdonado. Me sostendrás y jamás me dejarás ir. Por eso, te confío mi vida».

Donald McCullough lo dijo así:

> «La gracia significa que en medio de nuestra lucha el árbitro suena el silbato y anuncia el final del juego. Se nos declara ganadores y vamos a tomar una ducha. Ya no hay lucha por portarnos como santos para ganar el favor de Dios; ya no tenemos que asegurar nuestra propia valía con nuestro sudor; ha terminado la lucha competitiva para ganarles a los demás este juego. La gracia significa que Dios está con nosotros, y que somos ganadores, sin que importe si jugamos demasiado bien. Podemos relajarnos en la ducha y participar del festejo tomando champán».[5]

El evangelio declara que no importa cuánto tiempo pasemos en oración, o cumpliendo con nuestras obligaciones, no podemos salvarnos a nosotros mismos. Lo que hizo Jesús basta. Al punto de que nos convertimos casi en santos, como los fariseos, o neutrales como Pilato (sin dar el paso hacia la confianza), y dejamos que las prostitutas y los publicanos entren primero al reino, mientras nosotros estamos al final porque nuestra supuesta virtud nos ha consumido, recordándonos la imagen de Flannery O'Connor. Las prostitutas y los estafadores entran antes que nosotros porque saben que no pueden salvarse a sí mismo, que no pueden hacerse presentables, dignos de ser amados. Lo han arriesgado todo, apostando a Jesús, sabiendo que ellos no tienen lo que hace falta, no han sido tan orgullosos como para rechazar el regalo de la abundante y sorprendente gracia.

Quizás sea este el núcleo de nuestro intríngulis, la raíz de nuestro dilema. Fluctuamos entre castigarnos y premiarnos porque nos engañamos pensando en que podemos salvarnos a nosotros mismos. Desarrollamos un falso sentido de seguridad, a partir de nuestras buenas obras y la escrupulosa observancia de la ley. Nuestro halo se vuelve demasiado apretado, y como resultado aparece una actitud de superioridad moral, cuidadosamente disfrazada. O, en cambio, quedamos atónitos ante nuestras incoherencias, devastados porque no cumplimos con nuestras más altas expectativas. La montaña rusa de la exaltación y la depresión sigue arrastrándonos.

¿Por qué?

Porque nunca nos percatamos de nuestra nimiedad ante Dios, y en consecuencia, no logramos entrar en la más profunda realidad de nuestra relación con Él. Cuando aceptamos, en cambio, nuestra falta de poder y nuestra dependencia para alcanzar la salvación, cuando reconocemos que somos mendigos a las puertas de la misericordia de Dios, entonces Dios puede hacer algo hermoso con nosotros.

Esta pobreza de espíritu es la segunda característica más importante de los pecadores salvados con halos torcidos, que viven por gracia. ¿Cómo es la persona canonizada por Jesús en la primera bienaventuranza («Bienaventurados los pobres en espíritu»)?

He aquí una historia: Hace varios años, al final de una renovación de la parroquia en Algiers, Louisiana, un hombre de unos cuarenta años se me acercó fuera de la iglesia. Murmuró: «He orado por esto», y puso un sobre en mi bolsillo. Luego, se alejó. Yo estaba ya demorado para la recepción en el salón de la parroquia, por lo que me apresuré para llegar y me olvidé del sobre. Por la noche, antes de ir a dormir, vacié mis bolsillos. Abrí el sobre y encontré un cheque por seis mil dólares.

Antes de esta renovación, yo había vivido unos días en el basurero de Juárez en México, donde los niños y los ancianos literalmente rescataban comida de una montaña de desechos de más de nueve metros de altura. Varios niños morían cada semana a causa de la desnutrición y el agua contaminada. Envié el cheque de seis mil dólares a un hombre con diez niños, tres de los cuales ya habían muerto a causa de la pobreza y las pésimas condiciones de vida.

¿Sabe usted lo que hizo el hombre que recibió el cheque?

Me escribió nueve cartas en dos días, cartas que rebosaban de gratitud, y que describían en detalle cómo utilizaba el dinero para ayudar a su familia y a otros vecinos en el basural. Esto me hizo ver de manera maravillosa cómo es un hombre pobre.

Cuando recibe un regalo, primero siente y luego expresa una genuina gratitud. Al no tener nada, aprecia aun el regalo más pequeño. A mí se me ha dado el regalo no merecido de la salvación en Jesucristo. Sin mérito alguno, se me ha dado una invitación de buena fe, a beber nuevo vino para siempre en la boda del Reino de Dios. (¡Debo aclarar además que esto, para un alcohólico recuperado, es el cielo en verdad!)

Sin embargo, en ocasiones me compenetro tanto conmigo mismo que empiezo a exigir cosas que creo merecer, o doy por sentado cada regalo que recibo. Un caso clásico: un hombre ordena ensalada de cangrejo en un restaurante; por error, la camarera trae ensalada de langostinos; lívido y enojado el hombre grita: «¿Dónde está mi ensalada de cangrejo?» De algún modo, la vida le debe una ensalada de cangrejo. Da por sentada no sólo la ensalada de langostinos sino también muchos otros regalos, la vida, la fe, la familia, los amigos, los talentos.

Cuanto más profundo nos adentramos en el Espíritu de Jesucristo, tanto más pobres somos, tanto más vemos que la vida es un regalo. El contenido de nuestras vidas se convierte en gozo y agradecimiento. Al conocer nuestra pobreza e ineptitud nos gozamos en el regalo de ser llamados a salir de las tinieblas a la luz, y trasladados hacia el reino del amado Hijo de Dios. El hombre y la mujer pobres escriben nueve cartas al Señor que claman: «Está bien».

En una conversación, el discípulo que verdaderamente es pobre de espíritu siempre piensa al final de la charla: «*Mi vida se ha enriquecido al hablar contigo*». Esto no es falsa modestia ni humildad fingida. Su vida ha sido enriquecida con gracia. No es todo salida, sin nada de ingreso. No se impone ante los demás. Escucha con atención porque sabe que tiene mucho que aprender de los demás. Su pobreza espiritual le permite entrar en el mundo del otro, aun cuando no pueda identificarse con ese mundo: por ejemplo, con la cultura de las drogas, con los homosexuales. El pobre de espíritu nunca juzga a los demás, se lleva bien con los pecadores.

El hombre y la mujer pobres del evangelio han hecho las paces con su imperfecta existencia. Conocen su falta de plenitud, su quebranto, el simple hecho de que no son perfectos. Si bien no excusan su pecado, humildemente reconocen que es justamente el pecado lo que ha hecho que estén a merced del Padre. No fingen ser nada más que lo que son: pecadores salvados por gracia.

La persona pobre de espíritu se da cuenta de que no ama a los demás tanto como su corazón quisiera. Una vez prediquen las seis semanas de cuaresma. La última fue en Downers Grove, Illinois, y en la noche del cierre me sentía muy cansado. Había más de mil personas esa noche. A medida que sonaban los acordes de la canción de cierre, indicando mi salida, me preguntaba internamente si soportaría otra media hora de despedidas y bendiciones en el vestíbulo.

Se me ocurrió entonces una atractiva alternativa. Podía salir hacia la sacristía, quitarme la ropa de ministro, tomar algo fresco y correr a mi habitación para dormirme enseguida. El espíritu sí estaba dispuesto, pero la carne se rebelaba. Finalmente, oré porque el Espíritu Santo me ayudara, opté por las despedidas en el salón, lo más breve que fuera posible y me dormí a la medianoche.

A la mañana siguiente, en la mesa del desayuno encontré una nota: «Querido Brennan, asistí a tus prédicas toda esta semana. Has sido elocuente, brillante, poético, ingenioso, estético e...inflado. Anoche mientras estabas en el salón después de terminado el ser vicio, ¿dónde estaba el amor en tus ojos por cada uno de nosotros en medio de tu gloria? ¿Por qué no te inclinaste para abrazar a esos niños? ¿Por qué no besaste en la mejilla a esas ancianas? ¿Por qué no nos miraste desde la profundidad de tu ser, corazón a corazón, amor con amor? ¡Hombre, estás ciego!»

La firma decía: «Un espejo».

Obviamente, la persona necesitaba algo que yo no estaba dando. En estas circunstancias, sus expectativas podrían verse como poco razonables. Pero aun cuando no estoy cansado, veo que no amo tanto como podría o como querría. A menudo pienso en algo gentil para decir a alguien en una consejería después que hace veinte minutos que se ha ido.

Oigo lo que dice la persona, no lo que en realidad significa lo que expresa, y termino dando sabios consejos a un problema que no veo. Distraído por una llamada telefónica, salgo de casa para dar una conferencia ante los internos de la Penitenciaría Estatal de Trenton, y comienzo diciendo con torpeza: «Bueno, es muy lindo ver que hay tantos de ustedes aquí».

Y así, con todo. Con frecuencia no estoy al frente, en control del momento, o como dicen los irlandeses «en buena forma». Esto forma parte de nuestra pobreza como seres humanos. Cuando nos aceptamos a nosotros mismos sin preocuparnos de nosotros, simplemente expresamos la realidad. Ser humano es ser pobre. Nuestro empobrecido espíritu nos da una tregua antes que decidamos convertirnos en tiranos de nosotros mismos.[6]

Si le pidiéramos a la mujer bíblicamente pobre que describiera su vida de oración, quizás dijera: «La mayoría de las veces mi oración consiste en experimentar la ausencia de Dios en la esperanza de la comunión». No tiene grandes experiencias místicas. Y eso está bien porque refleja la verdad de su empobrecida humanidad.

Sin embargo, sentir la ausencia no significa ausencia de percepción. Por ejemplo, el soldado en combate que durante una pausa echa un vistazo a la fotografía de su esposa, la cual lleva escondida en el casco, está más presente ante ella en ese momento de ausencia que ante el rifle que tiene en las manos. De la misma manera el pobre en espíritu percibe que las experiencias religiosas y las «elevadas» místicas no son el objetivo de la oración auténtica, sino que su objetivo es en cambio la comunión con Dios.

El cristiano verdaderamente pobre en espíritu va a la iglesia el domingo por la mañana cantando: «Soy pobre, pero me entrego a mí mismo aquí de la mejor manera posible; soy tuyo, soy tuyo».

Una de las grandes luminarias en la historia de la oración, Teresa de Ávila, relata esta historia en su libro *Camino de perfección*:

«Conozco una monja que nunca pudo practicar otra cosa que la oración vocal... Ella acudió a mí con gran aflicción, diciendo que no sabía cómo practicar la oración mental, la meditación, ni cómo permanecer en contemplación, sino solamente sabía rezar vocalmente. Era una mujer ya anciana, y había llevado una vida en extremo buena y religiosa. Le pregunté qué rezaba; y vi que repetía el Padrenuestro una y otra vez, ella estaba experimentando una pura contemplación y el Señor la levantaba para juntarla consigo en unión. Así que alabé al Señor y tuve envidia de su oración vocal».

La oración del pobre de espíritu puede ser simplemente una palabra: *Abba*. Sin embargo, esta palabra puede representar interacción dinámica. Imagine un niño que intenta ayudar a su padre con las tareas de la casa, o que está haciendo un regalo para su madre. Quizás la ayuda no sea tal, y en verdad llegue a estorbar al padre, o probablemente el regalo sea algo completamente inútil. El amor con que esto se hace es lo que importa, porque es simple y puro, y la respuesta amorosa que evoca es virtualmente incontrolable. Estoy seguro de que esto es lo que sucede entre Abba y nosotros. En los niveles más sencillos y profundos, sólo queremos la felicidad mutua, complacer y complacernos. Nuestro deseo sincero cuenta mucho más que el éxito o el fracaso. Por ello, cuando intentamos orar y no podemos, o cuando fracasamos en un sincero intento por ser compasivos, Dios nos toca con ternura como respuesta.

En este sentido no hay tal cosa como una *mala* oración.

La tercera característica de la banda de los halos torcidos es la sinceridad. Debemos saber quiénes somos. ¡Es difícil ser honesto, aceptar que soy inaceptable, renunciar a la autojustificación, abandonar lo falso en la idea de que mis oraciones, mi visión espiritual, mi diezmo y mi éxito en el ministerio me hacen complacer a Dios! No hay belleza precedente en mí que le enamore. Sólo soy digno de ser amado porque Él me ama.

La sinceridad es una mercadería tan cara que es poco frecuente encontrarla en el mundo o en la iglesia. Porque la sinceridad y la honestidad requieren del amor por la verdad para aceptar los apegos y adicciones que controlan nuestra atención, dominan nuestra conciencia y funcionan como falsos dioses. Puedo ser adicto al vodka o a ser agradable, a la marihuana o a buscar aprobación, a la cocaína o a tener razón en todo, al juego o a las relaciones, al golf o a los chismes. Quizás mi adicción sea la comida, el rendimiento, el dinero, la popularidad, el poder, la venganza, la lectura, la televisión, el tabaco, el peso o ganar. Cuando le damos a algo más importancia o prioridad que la que le damos a Dios, estamos cometiendo idolatría. Por ello, todos cometemos idolatría una innumerable cantidad de veces cada día.

Cuando aceptamos el evangelio de la gracia y buscamos dejar de lado los mecanismos de defensa y los subterfugios, la sinceridad se vuelve mucho más difícil, pero también mucho más importante. Ahora, la sinceridad implica la disposición a aceptar la verdad con respecto a quiénes somos, sin que importe lo amenazador o desagradable de nuestras percepciones. Significa estar allí, para nosotros y para Dios, aprendiendo nuestros trucos mentales al ver cómo nos derrotan, reconociendo nuestras formas de evitar nuestras fallas, aprendiendo por completo que no podemos manejarlo todo independientemente. Esta confrontación propia requiere fuerza y coraje. No podemos presentar la excusa del fracaso para cejar en nuestro esfuerzo.[7]

Sin sinceridad personal puedo fácilmente construir una imagen de mí mismo bastante buena. La complacencia reemplazará entonces al deleite en Dios. Muchos no queremos la verdad acerca de nosotros mismos; preferimos reafirmarnos en nuestra virtud, como lo ilustra la siguiente viñeta:

Un día un predicador le dijo a un amigo:

—Hemos vivido el reavivamiento más grande en muchos años en nuestra iglesia.

—¿Y cuánta gente sumaste a tu congregación?

—A nadie. Perdimos a quinientos miembros.[8]

Estar vivo es estar quebrantado. Estar quebrantado es necesitar de la gracia. La sinceridad nos mantiene en contacto con nuestra necesidad y con la verdad de que somos pecadores salvados. Hay una hermosa transparencia en los discípulos sinceros que jamás llevan máscaras ni fingen ser lo que no son.

Cuando una persona es verdaderamente sincera (sin esforzarse por parecerlo), es virtualmente imposible insultarle personalmente. No hay nada por qué insultarle. Quienes estaban verdaderamente listos para el reino eran este tipo de persona. Su pobreza de espíritu y su rigurosa sinceridad les habían hecho libres. Eran gente que no tenía de qué enorgullecerse.

Estaba la pecadora de la aldea que había besado los pies de Jesús. Ese acto requería de libertad. Despreciada como prostituta, había aceptado la verdad de su nimiedad ante el Señor. No tenía nada que perder. Amaba mucho porque se le había perdonado mucho.

El llamado buen ladrón era un terrorista que reconoció que estaba recibiendo justa recompensa por sus crímenes. Tampoco él tenía de qué enorgullecerse.

El Buen Samaritano, el modelo de la compasión cristiana, era despreciado como pagano y por su ascendencia judía. Era tan impuro ya que—a diferencia del sacerdote y el levita que pasaron de largo con sus apretados halos—podía darse el lujo de expresar su amor por el hombre herido dado por muerto.

Ser sinceros con nosotros mismos no nos hace inaceptables ante Dios. No nos distancia de Dios, sino que nos atrae hacia Él como ninguna otra cosa puede hacerlo, y nos abre para recibir la gracia. Jesús nos llama a una vida perfecta que no podemos lograr por nosotros mismos. Estar vivo es estar quebrantado; estar quebrantado es necesitar de la gracia. Es sólo a través de la gracia que podemos atrevernos siquiera a esperar que podamos parecernos más a Cristo.

El pecador salvo con su halo torcido se ha convertido de la desconfianza a la confianza, ha llegado a un estado interior de pobreza de espíritu y vive lo mejor que puede en rigurosa sinceridad consigo mismo, con los demás y con Dios.

La pregunta que nos presenta el evangelio de la gracia es simplemente: ¿Quién nos separará del amor de Cristo? ¿A qué le tememos?

¿Teme usted que su debilidad pueda separarle del amor de Cristo? Eso no puede suceder.

¿Teme usted que sus defectos le separen del amor de Cristo? No puede ocurrir.

¿Teme que su pobreza interior le separe del amor de Cristo? Eso no acontecerá.

¿Problemas en el matrimonio, soledad, ansiedad por el futuro de sus hijos? No tendrán lugar.

¿El rechazo o el sufrimiento de sus seres amados? No sucederá ¿La persecución por parte de las autoridades? ¿La cárcel? Eso no puede acontecer.

¿Una guerra nuclear? No podrá separarle tampoco.

¿Los errores, temores, la incertidumbre? Tampoco.

El evangelio de la gracia clama: *nada podrá jamás separarnos del amor de Dios hecho visible en Cristo Jesús nuestro Señor.*

Debe convencerse usted de esto, confiar en esto, y nunca olvidarlo. Todo lo demás pasará, pero el amor de Cristo es el mismo ayer, hoy y siempre. La fe será visión, la esperanza será posesión, pero el amor de Jesús es más fuerte que la muerte y perdura para siempre.

Finalmente, es lo único a lo que podemos aferrarnos.

Capítulo cinco

CORMORANES Y GAVIOTINES

Varios años antes de morir, un notable rabino, Abraham Joshua Heschel, sufrió un ataque cardíaco casi fatal. Su mejor amigo estaba junto a él. Heschel estaba tan débil que sólo podía hablar en un susurro:

—Sam, siento solamente gratitud por mi vida, por cada momento vivido. Estoy listo para partir. He visto muchos milagros durante mi vida.

El anciano rabino estaba exhausto debido al esfuerzo que había hecho para hablar. Después de una larga pausa, dijo:

—Sam, nunca en mi vida le pedí a Dios éxito, o sabiduría, ni poder o fama. Pedí maravilla, asombro, y me los concedió.

Pedí maravilla, asombro, y me los concedió. Un filisteo frente a una pintura de Claude Monet, se metería el dedo en la nariz; una persona con capacidad de asombro, lucharía por no llorar.

En general, nuestro mundo ha perdido el sentido de la maravilla, la capacidad de asombro. Hemos crecido. Ya no nos deja sin aliento un arco iris, ni el perfume de una rosa, como solía suceder. Hemos crecido nosotros, en tanto todo lo demás se ha vuelto más pequeño, menos impresionante. Nos hemos vuelto sabios en el mundo y sofisticados. Ya no jugamos con los dedos en el agua, ni gritamos a las estrellas ni le hacemos muecas a la luna. El agua es H_2O, las estrellas han sido clasificadas, la luna ya no es de queso. Gracias a la televisión con satélites y a los jets, podemos visitar lugares que sólo antes eran accesibles a un Colón, un Balboa, o algún otro aventurado explorador.

Hubo un tiempo en un pasado no demasiado distante en que la tormenta podía hacer temblar a los hombres adultos, haciendo que se sintieran pequeños. Pero poco a poco, empujamos a Dios fuera de su mundo con nuestra ciencia. Cuanto más sabemos sobre meteorología, tanto menos propensos somos a orar durante una tormenta. Los aviones de hoy pueden atravesar la tormenta, o esquivarla por encima o por debajo. Los satélites las reducen a imágenes. ¡Qué ignominia, si es que puede decirse que una tormenta llega a sufrir la ignominia! ¡De teofanía a simple molestia!

Heschel dice que hoy creemos que todos los enigmas pueden resolverse, y que el asombro no es más que «el efecto de la novedad sobre la ignorancia». Por cierto, lo nuevo sí nos asombra: una nave espacial, el juego de computadora más avanzado, el pañal más suave. Hasta mañana, hasta que lo nuevo sea viejo, hasta que el asombro de ayer sea descartado o dado por sentado. No es de extrañar que el Rabino Heschel concluyera: «A medida que la civilización avanza, nuestra capacidad de asombro disminuye».

Nos preocupamos entonces demasiado por nosotros mismos, por lo que decimos, por los planes y proyectos que diseñamos, hasta volvernos inmunes a la gloria de la creación. Apenas notamos la nube que cruza por delante de la luna, o las gotas de rocío sobre la hoja de un rosal. El hielo sobre el estanque se forma y se derrite. Las fresas maduran y se resecan. El pájaro hace su nido sobre la rama que está junto a nuestra ventana y ni lo vemos. Evitamos el frío y el calor. Nos enfriamos en verano, y nos encerramos en plástico durante el invierno. Recogemos con el rastrillo las hojas del otoño apenas caen. Estamos tan acostumbrados a comprar carne, pescado y pollo empacado en el mercado, que jamás pestañeamos ante la abundancia de la creación de Dios. Nos volvemos complacientes y vivimos vidas prácticas. ¡Ni siquiera sentimos un atisbo de asombro, maravilla o reverencia![1]

Nuestro mundo está saturado de gracia, y la presencia permanente de Dios se revela no sólo en espíritu, sino también en materia: en un ciervo que corre por un valle, en el vuelo de un águila, en el fuego y el agua, en un arco iris tras la tormenta, en una grácil gacela que se esconde en el bosque, en la Novena Sinfonía de Beethoven, en el niño que se relame con su helado de chocolate, en la mujer con el cabello al viento. Dios quiso que descubriéramos su amorosa presencia en el mundo que nos rodea.

Durante varios siglos, la Iglesia Celta de Irlanda no debió lidiar con el dualismo griego de la materia y el espíritu. Veían el mundo con la clara visión de la fe. Cuando un joven monje celta vio cómo su gato atrapaba un salmón en las aguas poco profundas, gritó: «El poder del Señor está en la garra del gato». Las crónicas celtas relatan historias de monjes marinos que navegaban el Atlántico, viendo los ángeles de Dios y oyendo sus cantos a medida que se elevaban y descendían por sobre las islas occidentales. Para el científico eran sólo gaviotas, gaviotines, cormoranes. Pero los monjes vivían en un mundo en el que todo era una palabra de Dios dirigida a los seres humanos, donde el amor de Dios era manifiesto a todo quien tuviera algo de imaginación creativa. ¿De qué otro modo podría Dios hablarles? Atesoraban las Escrituras, pero también atesoraban la continua revelación de Dios en su mundo de gracia: «La naturaleza se refleja en los ojos de un gato», decían.[2] Porque los ojos de la fe ven cada cosa creada como la manifestación de la gracia y la providencia de Abba.

A menudo nosotros los religiosos andamos entre la belleza y la abundancia de la naturaleza, hablando sin cesar. Ni siquiera vemos el panorama de color, perfume y sonido. Bien podríamos habernos quedado en nuestras salas de estar con luz artificial. Las lecciones de la naturaleza se pierden, y perdemos la oportunidad de envolvernos en asombrado silencio ante el paso del Dios creador. No vemos la magnificencia del mundo saturado de gracia. La creación no calma nuestros turbados espíritus ni restaura nuestra perspectiva, ni nos deleita en cada fibra de nuestro ser.[3] Nos recuerda, en cambio, las tareas mundanas: cambiar la hoja del calendario, comprar neumáticos para la nieve. Debemos redescubrir el evangelio de la gracia y el mundo de la gracia.

Porque «la gracia de nuestro Señor Jesucristo, el amor de Dios y la compañía del Espíritu Santo» nos abren a lo divino que está en todas partes, especialmente en la vida de una persona capaz de amar.

Pienso en el mendigo del *Don Juan*, de Molière. Sentado en una esquina, ve pasar a un noble. El extraño que pasa es el aristócrata Don Juan, un hombre amargado, con carácter y fortuna en ruinas.

—Una limosna por el amor de Dios —llama el mendigo.

Don Juan se detiene, y de su bolsillo saca la última moneda de oro que le queda, sosteniéndola por sobre los brazos extendidos del mendigo, le dice:

—Maldice a Dios y te la daré.

—Oh, no, mi señor. Jamás haría eso —responde el mendigo.[4] Este gesto tiene más gracia que un cielo lleno de

estrellas, que mil sinfonías, que la Torre Eiffel o la Mona Lisa. Tomás de Aquino dijo que el esplendor de un alma en gracia es tan seductor que sobrepasa la belleza de todo lo creado.

Hay una historia sobre Fiorello LaGuardia, a quien mientras era alcalde de la ciudad de Nueva York durante los peores días de la Gran Depresión y mientras duró la Segunda Guerra Mundial, los neoyorquinos conocían como «la florecita», porque era de baja estatura y siempre llevaba un clavel en la solapa. Era un personaje colorido que solía andar en los carros de bomberos de Nueva York, hablaba con el departamento de policía entero, llevaba a orfanatos enteros a ver juegos de béisbol, y que cuando los diarios de Nueva York estaban de huelga, iba a la radio para leer los chistes del domingo a los niños.

Una noche muy fría en enero de 1935, el alcalde se apareció en una corte nocturna con jurisdicción sobre la parte más pobre de la ciudad. LaGuardia le dijo al juez que fuera a su casa temprano, y ocupó su lugar. En pocos minutos, trajeron ante él a una pobre anciana a quien habían denunciado por robar un pan. Ella le dijo a LaGuardia que el marido de su hija la había abandonado, que su hija estaba enferma, y que sus dos nietos tenían hambre. El dueño del negocio a quien le había robado el pan se negaba a retirar la denuncia:

—Es un barrio muy feo, su Señoría—dijo el hombre—. Hay que castigarla para que los demás aprendan una lección.

LaGuardia suspiró. Se volvió hacia la mujer y le dijo:

—Debo castigarla. La ley no hace excepciones, diez dólares, o diez días de cárcel.

Sin embargo, mientras decía esto, el alcalde sacaba algo de su bolsillo. Tomó un billete y lo echó en su famoso sombrero, diciendo:

—Aquí está la multa de diez dólares, que ahora mismo entrego. Y además, multaré a todos los presentes en esta corte con cincuenta centavos, por vivir en una ciudad donde una persona debe robar pan para que sus nietos puedan comer. Oficial, recoja el dinero y entrégueselo a la acusada.

Al día siguiente, los diarios de la ciudad de Nueva York informaron que se le habían entregado $47.50 a una atónita anciana que había robado pan para alimentar a sus nietos, de los cuales cincuenta centavos provenían del avergonzado panadero, en tanto otros setenta delincuentes menores e infractores de tránsito, policías y oficiales habían entregado cincuenta centavos también por el privilegio de poder hacerlo. El alcalde había sido ovacionado.[5]

¡Qué momento extraordinario de gracia para todos los presentes en esa corte! La gracia de Dios opera en un nivel profundo en la vida de una persona capaz de amar. ¡Oh, si tan sólo pudiéramos reconocer la gracia de Dios cuando viene a nosotros!

Hace poco dirigí un retiro silente de tres días para seis mujeres en Virginia Beach. Al iniciar el retiro, me reuní brevemente con cada una de ellas y les pedí que escribieran la gracia que más deseaban recibir del Señor. Una mujer casada de Carolina del Norte, de unos cuarenta y cinco años, con una historia impresionante de oración y ser vicio a los demás, me dijo que más que nada en el mundo deseaba experimentar de veras aunque fuera una vez el amor de Dios. Le aseguré que me uniría a ella en su oración.

A la mañana siguiente esta mujer (a quien llamaré Winky) se levantó antes del amanecer y salió a caminar por la playa cercana. Caminando descalza por la orilla, con el agua fría del Atlántico lamiéndole los pies y los tobillos, vio que un adolescente y una mujer se le acercaban por detrás. En menos de un minuto, el muchacho ya se le había adelantado por la izquierda, pero la mujer giró noventa grados, se acercó directamente a Winky, la abrazó fuertemente, y con un beso en la mejilla susurró: «Te amo», y siguió su camino. Winky jamás la había visto antes. Siguió caminando por la playa durante una hora antes de volver a la casa. Golpeó a mi puerta. Cuando abrí, sonreía:

—Nuestra oración ha sido contestada —dijo simplemente.

En su libro *The Magnificent Defeat* [La magnífica derrota], Frederick Buechner escribe:

«Lo que necesitamos saber, por supuesto, no es que Dios existe, ni que detrás del brillo de las estrellas hay una inteligencia cósmica que lo mantiene todo en movimiento, sino que hay un Dios justamente aquí, en nuestras vidas del día a día, que quizás no esté escribiéndonos mensajes sobre sí mismo en las estrellas, sino que de algún modo intenta enviarnos mensajes que pasen la barrera de nuestra ceguera a medida que nos movemos con el barro hasta las rodillas en este fragante pantano de miseria y maravilla que es el mundo. No la prueba objetiva de la existencia de Dios. No es eso lo que necesitamos, sino la experiencia de la presencia de Dios. Este es el milagro que buscamos en verdad y es también—creo yo—el milagro que realmente recibimos».[6]

Vivir por el evangelio de la gracia nos lleva a lo que Teilhard de Chardin llamó «*el divino entorno*», un universo lleno de Dios, empapado en Cristo, un mundo transformado por la grandeza de Dios. ¿Cómo vivimos en presencia del Dios viviente? En maravilla, asombrados ante los rastros que Dios deja alrededor de nosotros.

La gracia abunda en las películas, los libros, las novelas y la música contemporánea. Si Dios no está en el torbellino, quizás esté en una película de Woody Allen, o en un

concierto de Bruce Springsteen. La mayoría de las personas
comprenden mejor las imágenes y los símbolos que la doctrina y el dogma. Las imágenes llegan al corazón y despiertan
la imaginación. Un teólogo sugirió que el álbum «Túnel de
amor» de Springsteen, en el que simbólicamente canta sobre
el pecado, la muerte, la desesperanza y la redención, es más
importante para los católicos que la última visita del Papa,
cuando habló de moralidad en términos doctrinales únicamente. Los trovadores siempre han sido más importantes e in-
fluyentes que los teólogos y los obispos.

En los medios se ha colado una versión moderna de 1984
de escenas de moral medieval casi sin que nadie se dé cuenta.
En muchas maneras, Bill Cosby es el maestro de religión más
influyente de Norteamérica. Cada semana su programa presenta paradigmas vívidos y atractivos del amor ante una vasta
audiencia. Este amor se ve en la resolución de las tensiones
familiares en la vida de personajes que se nos han hecho tan
reales como nuestro vecino de al lado: Cliff, Claire, Sondra,
Denise, Theo, Vanessa, Rudi, etc. Aprendemos sin darnos
cuenta cómo vivir en familia y en armonía. Nos reímos frente
al patrón de conflictos y tensiones familiares creados por crisis
aparentemente triviales, como el anuncio de un compromiso,
un cumpleaños, la cuenta de teléfonos, una pelea de enamorados, un aniversario de bodas de los abuelos, un divorcio de
amigos, la gripe que ataca a toda la familia. Al reír, vemos las
virtudes que se requieren para resolver conflictos: paciencia,
confianza, sensibilidad, sinceridad, flexibilidad y perdón.[7]

La vida en familia ha sido la materia prima para gran parte
del humor de Cosby desde los inicios de su carrera, y siempre
ha sido el humor del amor. Quizás su doctorado en educación le haya hecho reflexionar más sobre lo que hace, ser más
consciente sobre los temas de moralidad y espiritualidad que

toca, pero ha sido siempre ha sido de manera muy personal y especial un vehículo de la gracia.

La gracia también aparece en una novela llamada *The Moviegoer* [El espectador], del escritor sureño Walker Percy. Relata la historia de un hombre que vuelve a casa de su trabajo exitoso y que inexplicablemente se siente mal aunque tiene muchas razones para sentirse bien. Repentinamente sufre un ataque cardíaco y en la estación le sacan del tren. Nunca había estado en esa estación, a pesar de haber pasado por allí infinidad de veces. Cuando recupera la conciencia, se halla en un hospital desconocido rodeado por gente desconocida. Sus ojos recorren la habitación y ve la mano que está apoyada sobre la sábana ante él. Es como si nunca hubiera visto su propia mano hasta ese momento...esa cosa extraordinaria que puede moverse hacia aquí y hacia allá, abrirse y cerrarse.

Percy relata este despertar como una revelación, una experiencia que los teólogos llamarían «gracia natural». Debido al ataque cardíaco el hombre pudo encontrarse a sí mismo y a su vida de una manera en que no lo había hecho durante años, absorto como estaba en lo que llama su «cotidianeidad». El problema hizo que pudiera reencontrarse consigo mismo. El acontecimiento es de enorme importancia, pues lo que elija hacer con la experiencia será la carga de su futuro. Al tomar el tren cada día, siempre se sentía desesperanzado. Ahora la catástrofe del ataque cardíaco le ha librado de la parálisis de una muerte en vida y lo lanza en busca de un significado.[8]

En el hospital sigue mirando su mano. El hombre dice: «Mi mano estaba abierta frente a mi rostro. Los dedos se cerraban y se abrían. Me sentía como Rip Van Winkle al despertar y probar sus huesos. ¿Se habría quebrado alguno? ¿Estaba todavía de una sola pieza?»

«*Como Rip Van Winkle al despertar*». Percy presenta la

catástrofe como un despertar repentino, como una ráfaga de aire frío, o como dice *El Espectador*, «como una buena patada en el trasero». Es sólo la realidad de la muerte lo que tiene el poder suficiente como para despertarnos del letargo del día a día haciendo que busquemos activamente de qué se trata la vida. Percy sumerge a sus héroes en el desastre y la tribulación, sólo para hablar desde el torbellino diciendo que los peores momentos acaban por ser los mejores, prefiriendo los huracanes por sobre el buen tiempo, hablando de la disposición de los soldados a volver a sus peores pesadillas. La gente de Percy no sólo sobrevive a la catástrofe, sino que además descubre en ella la libertad de actuar y de ser. El hombre del relato se aferra a su propia existencia y comienza a vivir una vida renovada en un mundo común que no ha sido despojado de la «cotidianeidad».

Nuestro Dios de gracia nos habla en esta novela y nos llama a «elegir entre la capacidad de generar y el estancamiento, entre seguir activos o quedarnos sentados esperando la muerte». Es el lenguaje de la gracia, la conversión, la *metanoia*, expresado en términos contemporáneos porque —como dice Percy— las antiguas palabras de la gracia se han devaluado.

¿Fue esta novela la que inspiró a Erma Bombeck a escribir la columna titulada «Si pudiera vivir mi vida otra vez»? Allí, escribe:

> Habría invitado a mis amigos a cenar aunque la alfombra estuviera manchada y el sofá desteñido. Me habría sentado en el césped con mis hijos sin preocuparme por las manchas del pasto. De ningún modo podría comprar algo sólo porque fuera práctico, porque resistiera las manchas o porque tuviera garantía de por vida. Cuando mi hijo me besara

impetuosamente, jamás le habría dicho: «Más tarde.
Ahora lávate las manos para la cena». Hubiera habido
más te amo, más perdóname, pero más que nada si
tuviera otra oportunidad, aprovecharía cada minuto,
lo miraría viéndolo realmente, lo viviría y nunca lo
devolvería.

Una vez más, en la página de nuestro periódico de cada
día, aparece un eco de la gracia. Cada momento de nuestra
existencia, o estamos creciendo hacia algo mayor, o estamos
retrocediendo hacia lo que es menor. O vivimos un poco más,
o morimos un poco más, como dice Norman Mailer.

La espiritualidad del asombro sabe que el mundo puede
trasformarse con la gracia, que mientras el pecado y la guerra,
la enfermedad y la muerte son reales y terriblemente ciertos, la
presencia amorosa y el poder de Dios entre nosotros son aun
más reales.

En medio del asombro me sorprendo y fascino. Es Moisés
ante la zarza ardiente con «miedo de mirar a Dios» (Éxodo
3:6). Es Esteban a punto de ser apedreado: «Veo al Hijo
del Hombre parado a la diestra de Dios» (Hechos 7:56) y
es Miguel Ángel golpeando a su Moisés esculpido gritando:
«¡Habla!» Es Ignacio de Loyola en éxtasis mientras mira el
cielo de la noche. Teresa de Ávila fascinada por una rosa. Es
el dubitativo Tomás descubriendo a su Dios en las heridas de
Jesús, la Madre Teresa espiando el rostro de Cristo en el pobre
atormentado. Es Norteamérica estremeciéndose ante los pasos
en la luna, el niño echando su cometa al viento. Es la madre
mirando con amor a su bebé recién nacido. Es la maravilla
del primer beso.[9]

El evangelio de la gracia se ve brutalmente devaluado
cuando los cristianos sostienen que el trascendente Dios sólo

puede ser honrado y respetado adecuadamente negándose la verdad, la belleza y la bondad de las cosas de este mundo.

El asombro debiera ser nuestra reacción ante el Dios revelado como Amor.

Durante un momento permítame dibujar con trazos apresurados una teología bíblica del ágape divino. El más temprano concepto de Dios que tenía Israel se basaba en el pacto, la alianza efectuada en el Monte Sinaí. A través de Moisés, su vocero, Dios les dijo a los israelitas: «Ustedes serán mi pueblo y yo seré vuestro Dios». Jehová se percibe originalmente en la comunidad judía como un Ser personal, que se relaciona con ellos. Su concepto de Dios era superior en mucho al de los paganos, cuyos dioses eran bastante humanos, enclenques, caprichosos y eróticos, impredecibles como las fuerzas con las que les identificaban: el viento, la tormenta, la fertilidad, la nación y demás.

Israel conocía a un Dios santo que trascendía todo lo visible y lo tangible, pero que era personal. Se veía reflejado en ciertas cosas pero no se le podía identificar con ninguna. Éxodo nos pinta un Dios estable, que se interesa, una roca de apoyo para tanta gente que necesitaba dónde apoyarse.

Así, los judíos se relacionaban con el Dios del pacto, que había iniciado el contrato, que había hablado primero a Israel, concibiéndolos como pueblo y dándoles un sentido de identidad. En esta etapa primitiva de la relación el Dios de Israel era calmado, quizás hasta frío. Se apreciaba su fidelidad, interés y estabilidad, pero el calor y lo radiante de Dios aún no habían aparecido. Jehová era como el Peñón de Gibraltar en el viento de cambio. Tenía un rostro, pero la expresión tenía sólo un toque de benignidad. Era algo así como Charlton Heston o Matt Dillon, sin azúcar ni fantasía alguna. Era firme, justo, e inspiraba confianza: se le podía desviar de andar en línea recta o buscar a un niño secuestrado en el desierto a pasar por terreno aborigen hasta el corazón de México. Era confiable. Había elegido a Israel por gracia. No hacía falta que nadie se maquillara para seducirlo. Matt Dillon no es seducido por Nell porque se maquille o se vista con ropa fina. La elige libremente, así como es de doméstica y simple, y esto es lo que le da a ella un sentido real de confianza. Por momentos parecía un tanto irreal, poco humano.

El concepto que Israel tenía de Dios necesitaba definirse más claramente, porque Dios no es inhumano, sino que puede vestirse de humanidad—como finalmente hizo en Jesús—e ir más allá de los límites humanos que nosotros conocemos, logrando así ser todo lo que somos y lo que no somos.

Dios entonces trae a los profetas y se marca a fuego en sus conciencias con su presencia permanente, enviándoles a revelarle de manera más apasionada. Aunque Israel se prostituyó un poco siguiendo a dioses falsos, los profetas claman la constancia de Dios frente a la infidelidad humana: «¡Israel, no seas tan tonta como para medir mi amor por ti en términos de tu amor por mí! Jamás podrás comparar tu amor frágil, pálido y escuálido con mi amor, porque yo soy Dios, y no hombre».

El amor humano siempre será una tenue sombra de lo que es el amor de Dios. No porque este sea demasiado azucarado o sentimental, sino simplemente porque no pueden compararse los lugares de donde provienen. El amor humano con toda su pasión y emoción es un débil eco de la pasión y la emoción del amor de Jehová.

En el desierto de Sinaí el Dios del pacto era fiel y justo. Israel era fiel. Estaban relacionados. Pero si Israel se volvía infiel, según la justicia lógica y humana no se requeriría ya de Jehová. Si Él ve que la alianza se rompe, toma su maletín y sale de la corte. La relación se termina.

Pero no podemos aplicar la justicia y la lógica humana al Dios viviente. La lógica humana se basa en la naturaleza y la experiencia humana. Jehová no tiene nada que ver con este modelo. Si Israel es infiel, Dios sigue siendo fiel en contra de toda lógica y todo límite de justicia, porque Él lo es. El amor aclara la feliz irracionalidad de la conducta de Dios. El amor tiende a ser irracional de a ratos. Busca, a pesar de la infidelidad. Florece en los celos y la ira que traicionan. Cuanto más compleja y emocional se vuelve la imagen de Dios en la Biblia, tanto más grande se hace Él y tanto más nos acercamos al misterio de su naturaleza indefinible.

La misericordia y el amor de Jehová causan mayor confianza en Israel. La justicia dice: «No te debo nada porque has roto nuestro pacto». Pero donde termina la justicia empieza el amor, y revela que Dios no se interesa meramente en los dividendos de la alianza. Mira a Israel a los ojos, desde la profundidad de su ser, a la profundidad del ser de su pueblo. Ve más allá de la pantalla de humo de las obras buenas y malas, viendo a Israel como es. Y entonces Israel mira azorada y exclama inquieta: «¿Quién? ¿Yo?»

«Sí. Tú. No quiero lo abstracto de la relación. Quiero tu corazón». (Este no es el tono de la espiritualidad contemporánea. Muchos de nosotros ponemos a Dios en el Puesto Portuario 40, como un agente de aduanas que revisa nuestro equipaje moral para ver nuestras acciones y luego anota nuestra puntuación según las virtudes y los vicios, para que podamos canjear figuritas con Él el Día del Juicio).

Según Oseas, Dios quiere mantener una relación aun cuando su esposa se vuelva una vulgar prostituta. Esta misma convicción aparece en el Nuevo Testamento. La mujer adúltera es llevada ante Jesús. El dios de los líderes religiosos, que nunca hizo una contribución mayor que la de Oseas, debe juzgarla. Ha sido infiel y la postura divina encarnada en los líderes la apedrearía. El Dios de los fariseos se interesa en el contrato, en la justicia ante todo. *Matemos a la mujer según el contrato.* Podemos prescindir de la persona.

Pero en el hombre, Jesús, vemos el rostro humano de Dios, que es coherente con la revelación del Antiguo Testamento. Él se interesa en la mujer. Su amor va más allá de la justicia y demuestra ser más salvador que el mero recitado de las reglas, una y otra vez.[10]

¿Injusto? Quizás para nuestro modo de pensar lo sea. ¡Gracias a Dios! Estoy maravillosamente conforme con un Dios que no me trata como lo merecerían mis pecados. El día final, cuando Jesús me llame por mi nombre: «Ven, Brennan, bendito de mi Padre» no será porque Abba es justo, sino porque su nombre es misericordia.

¿Alguna vez comprenderemos el evangelio de la gracia, el furioso amor de Dios, el mundo de la gracia en que vivimos? Jesucristo es el escándalo de Dios. Cuando el Bautista es encarcelado por Herodes, envía a algunos de sus seguidores a preguntar a Jesús: «¿Eres aquél que vendría al mundo, o debemos esperar a otro?» Jesús les dice: «Vayan y díganle a Juan lo que han visto y oído: los ciegos ven, los sordos oyen, los rengos caminan, los pobres oyen el evangelio que se les predica, la era mesiánica ha irrumpido en la historia y el amor de mi Padre les es revelado. Bendito el que no se *escandaliza* por mí».

Debiera asombrarnos la bondad de Dios, debiéramos quedar atónitos porque Él se moleste por llamarnos por nuestro nombre. Debiéramos quedar boquiabiertos ante su amor, sorprendidos porque en este mismo momento estamos parados en tierra santa.

Jesús dirigió cada una de sus parábolas de misericordia en el Evangelio a sus oponentes: los escribas, los fariseos, los teólogos críticos, los miembros del Sanedrín. Ellos son enemigos del evangelio de la gracia, están indignados porque

Jesús afirma que Dios se preocupa por los pecadores, enojados porque Él come con la gente a quienes ellos desprecian. ¿Qué les dice Él?

Estos pecadores, esta gente que desprecian, están más cerca de Dios de lo que ustedes lo están. No son las prostitutas y los ladrones quienes encuentran difícil arrepentirse; son ustedes, que están tan seguros en su piedad y falsedad, creyendo que no necesitan conversión. Ellos quizás hayan desobedecido el llamado de Dios y quizás sus profesiones les hayan ensuciado, pero han mostrado pena y arrepentimiento. Más que todo, son personas que aprecian su bondad; desfilan hacia el reino antes que ustedes, porque tienen lo que ustedes no poseen... profunda gratitud por el amor de Dios, profundo asombro ante su misericordia.

Pidámosle a Dios el regalo que Él le dio al inolvidable rabino Joshua Abraham Heschel: «Querido Dios, otórgame la gracia del asombro. Sorpréndeme, asómbrame, haz que quede atónito ante cada rincón de tu universo. Deléitame al ver cómo Cristo está en diez mil lugares, amoroso en cuerpos y en ojos que no son suyos, ante el Padre a través de los rostros de los hombres. Cada día envuélveme en fascinación con la infinidad de tus maravillosas cosas. No pido ver la razón que hay para todo ello; sólo pido poder compartir el asombro ante todo ello».

Capítulo seis

Grazie, signore

En su libro *Mortal Lessons* [Lecciones mortales], el médico Richard Selzer escribe:

«Me encuentro de pie junto a la cama de una joven con el rostro pálido luego de una cirugía, su boca está torcida a un lado y se ve como una mueca desagradable. Una ramificación del nervio facial que da movilidad a los músculos de su rostro ha sido cercenada y la joven quedará así de ahora en adelante. El cirujano ha seguido con fervor religioso la curva del rostro. Sin embargo, para poder quitar el tumor que tenía en la mejilla, ha tenido que cortar el nervio.

Su joven esposo está en la habitación. Está del otro lado de la cama, y juntos parecen estar aislados de mí, bajo la luz de la habitación. Me pregunto: ¿Quiénes son este hombre y la joven con la cara torcida gracias a mi intervención?

¿Quiénes son estas personas que se tocan con tal generosidad, que se miran con tanto amor? La joven habla:

—¿Mi boca quedará torcida para siempre?

—Sí —respondo—. Es así porque tuve que cortar

el nervio. Asiente y guarda silencio, pero el joven sonríe.

—A mí me gusta —dice—. Te queda bien.

Y entonces, *sé* positivamente quién es él. Comprendo y bajo la vista. No tengo el coraje de encontrarme con un dios. Sin pensar en otra cosa, se inclina para besar la boca torcida, y estoy lo suficientemente cerca como para ver que tuerce sus labios para que se acomoden a los de su mujer, para demostrarle que sus besos todavía siguen siendo como antes».[1]

Desde que leí este pasaje, esta imagen del esposo torciendo sus labios para dar un beso de amor a su esposa me perseguía por todas partes. Sin embargo, había algo que aún no había comprendido, hasta que un día mientras oraba, irrumpió en mi memoria la violencia sobre una colina junto a las murallas de la vieja Jerusalén. El cuerpo quebrado del Hijo está expuesto, colgado en la cruz, para que todo el mundo lo vea. Le acusan de blasfemar contra Dios y seducir a las personas. Debe morir en desgracia. Sus amigos están dispersos. Ya no tiene honor y su nombre es motivo de burla. Su Dios le ha abandonado. Está absolutamente solo. Le llevan a las afueras de la ciudad santa, por las calles donde viven los de su clase. El Cristo andrajoso es tratado con rudeza, le escupen, le pegan, le asesinan y luego es sepultado entre los de su calaña.

Para dramatizar su muerte, algunos artistas cristianos lo han representado con los ojos en blanco y la boca torcida; utilizan un color rojo para que las gotas de sangre se vean más reales en sus manos, sus pies y su costado.

En 1963, un amigo me dio un crucifijo muy caro. Un artista francés había tallado en madera, con extremada delicadeza, las manos de Jesús en la cruz. Un Viernes Santo, los artistas romanos también tallaron—¡Oh Dios, con cuánta precisión lo tallaron!—a nuestro hermano Jesús. No se necesitó arte para clavar los clavos, ni hizo falta pintar la sangre, porque era real. Los labios se torcieron con la simple acción de colgarlo en la cruz. Hemos creado tal teología de la pasión y muerte de este hombre santo, que ya no vemos su sed, la gangrena en su carne, su dolor.

En su monumental obra, *The Crucified God* [El Dios crucificado], Jurgen Moltmann escribe: «Hemos hecho de la amargura de la cruz, de la revelación de Dios en la cruz de Jesucristo, algo tolerable para nosotros al aprender que fue una necesidad en el proceso de la salvación».[2]

Roslyn y yo caminamos por la Calle Royal en el sector francés de Nueva Orleans. Allí está la infame Calle Borbon con sus emporios del jazz, sus tiendas de camisetas y sus boutiques del sexo. La Calle Royal está llena de tiendas de antigüedades.

—Vea esto —dice el vendedor— la Venus cuesta más, pero el Cristo crucificado de marfil es hermoso, especialmente contra el fondo de terciopelo negro.

Cuantas más veces le reproducimos, tanto más lo olvidamos, a Él y a la agonía de su tercera hora. Le convertimos en oro, plata, marfil, mármol o lo que sea para liberarnos de su agonía y muerte como hombre.

«Al que no conoció pecado, por nosotros lo hizo pecado, para que nosotros fuésemos hechos justicia de Dios en él» (2 Corintios 5:21). Toda forma de pecado y sus consecuencias, la enfermedad de todo tipo, la drogadicción, el alcoholismo, las relaciones rotas, la inseguridad, el odio, la lujuria, el orgullo, la envidia, los celos, el cáncer, las enfermedades óseas, la artritis, y más y más aun, todo eso fue tomado y llevado por aquel «despreciado y desechado entre los hombres» (Isaías 53:3), que conoció el punto máximo de agonía, jamás soñado por nadie más. En otras palabras, «Dios estaba en Cristo reconciliando consigo al mundo, no tomándoles en cuenta a los hombres sus pecados, y nos encargó a nosotros la palabra de la reconciliación» (2 Corintios 5:19). Jesucristo crucificado hace la paz mediante la sangre de su cruz (Colosenses 1:20).

Jesús viajó hasta los confines de la soledad. En su cuerpo quebrantado. Él se ha llevado los pecados de usted y los míos, toda separación y pérdida, todo corazón dolido, toda herida del espíritu que se niega a sanar, todas las experiencias tristes y malas de los hombres, las mujeres y los niños a lo largo de los siglos.

Jesús es Dios. Usted y yo fuimos hechos de barro y del beso de su boca.

¿Qué diremos ante tal demostración de amor? ¿Cómo responderemos?

En primer lugar, el amor de Cristo y su evangelio de la gracia llama a una decisión personal, libre y no convencional. Responder es reconocer que otro ha tomado la iniciativa, emitiendo una invitación. La obertura de otro hace que sea necesaria una respuesta.

Sin embargo, el otro no es un vendedor ambulante que vende chucherías de puerta en puerta. Es Cristo ofreciéndonos la oportunidad de nuestra vida. «Yo, la luz, he venido al mundo, para que todo aquel que cree en mí no permanezca en tinieblas» (Juan 12:46).

Hay un poder extraordinario en la narración de historias, que mueve la imaginación y deja una impresión indeleble en la mente. Jesús emplea una serie de historias, conocidas como las parábolas de «crisis», para advertirnos, para llamar al arrepentimiento a causa de lo avanzado de la hora. Jesús dice: «Se acerca la marea alta, la ola que inundará todo, y ustedes siguen jugando en su fiesta». O como dice Joaquín Jeremías:

«Están festejando y bailando sobre el volcán que entrará en erupción en cualquier momento».[3]

La crisis inminente anuncia: «Manténganse despiertos, porque no saben si el amo llegará por la noche, a medianoche, al amanecer o con el canto del gallo; si llega sin anunciarse, no debe encontrarles dormidos. Y lo que les digo a ustedes, a todos lo digo: "¡Estén despiertos!"»

En la parábola de la boda, el invitado que no tenía ropa de fiesta es llevado a los empujones hasta la salida: «La vestimenta de la fiesta es el arrepentimiento. ¡Vístanse ahora, antes de su muerte, el día antes del Diluvio, vístanse ahora mismo! La crisis exige conversión».[4]

Roma está ardiendo, dice Jesús. *Dejen el violín, cambien su vida y vengan a mí*. Cuando llega un tornado avanzando por la calle, no es momento de detenerse a oler las flores. Abandonen los buenos tiempos del ayer que nunca fueron: la iglesia a la que no asistieron, las virtudes tradicionales que jamás practicaron, la obediencia a la ley que nunca respetaron, la ortodoxia estéril que nunca aceptaron. Todo eso ha quedado atrás. Ha llegado el momento decisivo de Dios.

La persona que se da cuenta de la gravedad de la situación sabe que la decisión no puede demorarse. El Narrador no nos llama al miedo sino a la acción. No se aferre a fragmentos baratos de vidrio pintado cuando se le ofrece la perla de gran precio. Cuando se ve amenazada la existencia de una persona, cuando la misma se halla en el umbral de la ruina moral, cuando todo está en juego, es que llega la hora para tomar decisiones importantes, valientes.

En la parábola de los talentos, los tres siervos son llamados a rendir cuentas de cómo han utilizado lo que se les ha confiado. Los primeros dos utilizaron sus talentos con coraje e ingenio. El tercero, quien prudentemente envuelve su dinero y lo entierra, es la tipificación del cristiano que deposita su fe

en un contenedor hermético y sella la tapa. Entonces anda
rengo por la vida, con recuerdos de su infancia en la Escuela
Dominical, y se niega al desafío del crecimiento y la madurez
espiritual. No queriendo correr riesgos, esta persona pierde el
talento que se le ha confiado: «El amo quería que sus siervos
se arriesgaran. Quería que apostaran su dinero».[5]

En una parábola provocativa para su audiencia judía, Jesús
relata la historia del administrador ingenioso. Se nos presenta
un estafador que, para cubrir sus espaldas, falsifica las cuentas
de su empleador. ¡Y Jesús elogia al criminal!

> «Había un hombre rico que tenía un mayordomo, y
> éste fue acusado ante él como disipador de sus bienes.
> Entonces le llamó, y le dijo: ¿Qué es esto que oigo
> acerca de ti? Da cuenta de tu mayordomía, porque
> ya no podrás más ser mayordomo. Entonces el ma-
> yordomo dijo para sí: ¿Qué haré? Porque mi amo me
> quita la mayordomía. Cavar, no puedo; mendigar, me
> da vergüenza. Ya sé lo que haré para que cuando se
> me quite de la mayordomía, me reciban en sus casas.
> Y llamando a cada uno de los deudores de su amo,
> dijo al primero: ¿Cuánto debes a mi amo? Él dijo:
> Cien barriles de aceite. Y le dijo: Toma tu cuenta,
> siéntate pronto, y escribe cincuenta. Después dijo a
> otro: Y tú, ¿cuánto debes? Y él dijo: Cien medidas de
> trigo. Él le dijo: Toma tu cuenta, y escribe ochenta. Y
> alabó el amo al mayordomo malo por haber hecho sa-
> gazmente; porque los hijos de este siglo son más sa-
> gaces en el trato con sus semejantes que los hijos de
> luz». (Lucas 16:1-8)

Los hombres y las mujeres cuya visión de la vida está condicionada por los valores de la Bolsa, son más astutos en la

calle que los discípulos en su viaje espiritual. Los no creyentes nos hacen pasar vergüenza. ¡Imitemos su astucia!

Jesús no excusó la acción del mayordomo, aunque admiró su iniciativa. No permitió que una trágica secuencia de eventos se desatara. Antes bien, hizo lo que debía—aunque inescrupulosamente—para tener una vida nueva. Sin ilusiones, aprovecha al máximo el poco tiempo que le queda.

> «El mayordomo injusto que, al oír que será despedido, arregla las cuentas de su amo para asegurarse otro empleo, es encomiado justamente por cómo actuó. El punto aquí no se refiere a la moralidad, sino a la apatía. Este hombre se encuentra en una crisis, y en lugar de llorar compadeciéndose de sí mismo, actúa con ingenio. Los invitados que no responden al banquete del Rey son rechazados, y se invita a otros. *La respuesta inmediata es la modalidad del reino.* El impacto de la imaginación emite una invitación que nos lleva a la decisión y la acción».[6]

La mayoría de nosotros posterga una decisión, esperando que Jesús quizás se canse de esperarnos y la voz interior de la Verdad quede afónica. Entonces, el llamado de las parábolas de «crisis» queda suspendido en un estado de ansiedad mientras no nos decidimos ni por ir a favor ni en contra de la nueva dimensión de vida que se abre ante nosotros. Nuestra indecisión crea más problemas de los que resuelve. La indecisión significa que dejamos de crecer durante un período de tiempo indeterminado; quedamos atascados. Con la parálisis del análisis, el espíritu humano comienza a encogerse. El conocimiento consciente de nuestra resistencia a la gracia, y el negarnos a permitir que el amor de Dios nos haga ser quienes somos en verdad, trae consigo una sensación de opresión.

Nuestras vidas se vuelven fragmentadas, inconsistentes, sin armonía ni sincronización. El gusano se retuerce dentro. La seguridad de estar en lugares familiares desaparece. Nos hallamos atrapados entre la roca y la dura pared. ¿Cómo resolvemos esta situación?

No la resolvemos.

No podemos obligarnos a aceptar la gracia. No hay palabras mágicas, fórmulas predeterminadas ni ritos esotéricos que puedan ayudarnos. Sólo Jesucristo nos libera de la indecisión. Las Escrituras no ofrecen otra base para la conversión, más que el magnetismo personal del Maestro.

Una mañana, misteriosamente movido por la gracia, un joven decide intentar con la oración. Durante cinco minutos decide mantener silencio. Y Jesús susurra: *«¡Ahora es el momento! El mundo irreal de los zapatos de Gucci, los helados Häagen-Dazs y los jeans Calvin Klein, de las chaquetas de cuero, las alfombras persas y la ropa interior de seda, el torneo por la Copa, todo eso pasa. Ahora es el momento de dejar de correr locamente como el caballo de Lancelot en cuatro direcciones al mismo tiempo, y recordar en calma que sólo se necesita una cosa. Ahora es el momento de tomar la decisión personal y responder creativamente a mi Palabra».*

Permíteme contarte una historia. Un año, un rico tonto obtuvo una cosecha importante e hizo planes para una cosecha aun mejor al año siguiente. Se decía a sí mismo: «Eres un buen tipo. Has trabajado duro y mereces todo lo que recibes. Hasta tienes ahorros para el futuro. Cálmate, disfruta, come, bebe y diviértete».

Esa noche mi Padre sacudió su seguridad. «¡Tonto! Esta misma noche te será llevada el alma; y todo este tesoro que has acumulado¿quién lo disfrutará?»

En la oración, Jesús nos calma, nos enseña a contar cuántos días nos quedan, y nos regala sabiduría. Nos revela que estamos tan atrapados en lo que es urgente que hemos pasado por alto lo que es esencial. Termina con nuestra indecisión y nos libera de la opresión de los falsos vencimientos y la visión miope.

En segundo lugar, nuestra respuesta al amor de Jesús exige confianza. ¿Confiamos en nuestro currículum o en el evangelio de la gracia? ¿Cómo enfrentamos el fracaso?

«La gracia nos dice que somos aceptados tal como somos. Quizás no seamos el tipo de persona que queremos ser, tal vez aún nos falte mucho para concretar nuestros objetivos, puede ser que tengamos más fracasos que logros en nuestro haber, es probable que no seamos ricos, o poderosos o espirituales. Quizás hasta ni siquiera seamos felices. Pero aun así, Dios nos acepta y nos sostiene en sus manos. Esta es su promesa a nosotros en Jesucristo, una promesa en la que podemos depositar nuestra confianza».[7]

Quienes sienten que sus vidas son una desilusión para Dios, necesitan enorme confianza para aceptar que el amor de Cristo no conoce matices de cambio o alteración. Cuando Jesús dijo: «Venid a mí todos los que están cansados», es porque Él sabía que nos cansaríamos, nos desalentaríamos y sentiríamos desesperanza a lo largo del camino. Estas palabras son un testimonio conmovedor de la genuina humanidad de Jesús. Él no tenía un ideal romántico del costo del discipulado. Sabía que seguirle representaría poco romanticismo, poco sentimentalismo, una tarea tan exigente como el amor. Sabía que nuestros espíritus se verían afectados por el dolor físico, la pérdida de seres queridos, el fracaso, la soledad, el rechazo, el abandono y la traición; que llegaría el día en que la fe ya no podría ofrecernos consuelo ni empuje; que la oración carecería del sentido de la realidad o el progreso; que nos haríamos eco del clamor de Teresa de Ávila: «Señor, si es así como tratas a tus amigos ¡no es de extrañar que tengas tan pocos!»

«Porque no tenemos un sumo sacerdote que no pueda compadecerse de nuestras debilidades, sino uno que fue tentado en todo según nuestra semejanza, pero sin pecado. Acerquémonos, pues, confiadamente al trono de la gracia, para alcanzar misericordia y hallar gracia para el oportuno socorro» (Hebreos 4:15-16).

Un poeta escribió: «El deseo de ser amado es la última ilusión: abandónelo y será libre». Como el amanecer de la fe requiere del atardecer de nuestra anterior descreencia, así también el amanecer de la confianza requiere que abandonemos nuestro anhelo de consuelo espiritual y tangible. Confiar a merced de la respuesta a recibir es falsa confianza. Todo es incertidumbre y ansiedad. En temblorosa inseguridad el discípulo pide que el Señor le dé pruebas de que su afecto es retribuido. Si no las recibe, siente frustración y comienza a sospechar que su relación con Jesús ha terminado, o que jamás existió.

Si recibe consuelo, entonces sí siente reafirmación, aunque sólo temporalmente. Sigue pidiendo pruebas, cada una menos convincente que la anterior. Finalmente, la necesidad de confiar muere, a causa de la frustración. Lo que el discípulo no ha entendido es que las pruebas tangibles, por más valiosas que sean, no pueden crear confianza ni garantizar certidumbre o sostenerla. Jesús nos llama a entregarle nuestro ser autónomo con confianza inamovible. Cuando acallamos el anhelo de ver pruebas, aparece la confianza.

El misterio de la ascensión de Jesús a los cielos contiene

una importante lección. Él les dijo a sus discípulos: «Pero yo os digo la verdad: Os conviene que yo me vaya» (Juan 16:7). ¿Por qué? ¿Cómo podría la partida de Jesús beneficiar a los apóstoles? Porque mientras Él estuviera todavía visible en la tierra, existía el peligro de que ellos también se casaran con la imagen de su carne, que dejaran la certidumbre de la fe y se apoyaran en la evidencia tangible de los sentidos. Era bueno ver a Jesús en carne y hueso, pero «bienaventurados los que no vieron, y creyeron» (Juan 20:29).

Cuando nos sumergimos en la culpa, el remordimiento o la vergüenza por pecados reales o imaginarios del pasado, estamos desdeñando el regalo de la gracia de Dios.

La preocupación por el propio ser es siempre un componente importante en la culpa insalubre y la recriminación. Mueve nuestras emociones, obrando como un mortero de manera autodestructiva, y nos encierra en la poderosa ciudadela del propio ser, llevando a la depresión, la desesperanza y borrando la presencia de un Dios compasivo. El lenguaje de la insalubre culpa es duro. Exige, abusa, critica, rechaza, acusa, culpa, condena, reprocha, reprende. Habla con impaciencia y castigo. Los cristianos se sienten impactados y horrorizados porque han fracasado. La culpa insalubre se agiganta. Así como en el cuento, el pollito siente culpa y miedo, e imagina que el cielo caerá sobre su cabeza, el sentimiento de culpa nos invade y crece.

Sí, claro que sentimos culpa por nuestros pecados, pero el tipo de culpa saludable, que reconoce el mal hecho y que siente remordimiento, para luego sentirse libre de aceptar el perdón ofrecido. La culpa saludable se concentra en ver todo lo que nos ha sido perdonado, el mal que ha sido redimido.

«Todos tenemos sombras y cosas ocultas en nuestro pasado. Pero escuchen, hay algo en este mundo más grande que nosotros, y esto más grande está lleno de gracia y misericordia, paciencia e ingenio. En el momento en que dejamos de vivir la vida concentrándonos en nuestra maldad para concentrarnos en su bondad, y cuando dejamos de preguntar: "¿Qué he hecho?", para preguntar: "¿Qué puede hacer él?", podemos sentir liberación del remordimiento; milagro de milagros, podemos perdonarnos a nosotros mismos porque hemos sido perdonados, aceptarnos porque hemos sido aceptados, y comenzamos a construir todo aquello que una vez derrumbamos. Hay gracia, que viene en nuestro auxilio en tiempos de tribulación. Esta gracia es el secreto para poder perdonarnos a nosotros mismos. Confíe en ella».[8]

Quizás haya oído la siguiente historia: Hace cuatro años, en una ciudad importante del oeste, se esparció un rumor acerca de que una mujer católica tenía visiones de Jesús. Los informes llegaron a oídos del arzobispo, que decidió ir a ver a la mujer. Siempre hay una delgada línea que separa al auténtico místico del lunático y mentiroso.

—¿Es verdad, señora, que ha estado teniendo visiones de Jesús? —preguntó el clérigo.

—Sí —dijo la mujer sencillamente.

—Bueno, la próxima vez que vea a Jesús, pídale que le cuente los pecados que revelé en mi última confesión.

La mujer quedó estupefacta.

—¿He oído bien, obispo? ¿Usted quiere que le pida a Jesús que me cuente los pecados de su pasado?

—Exactamente. Por favor, llámeme si algo sucede.

Diez días más tarde, la mujer notificó a su líder espiritual de una aparición reciente.

—Por favor, venga —le pidió.

El obispo llegó enseguida. Confiaba en el contacto visual.

—Me dijo usted al teléfono que había visto a Jesús. ¿Hizo usted lo que le pedí?

—Sí, obispo. Le pedí a Jesús que me dijera los pecados que usted había confesado la última vez.

El obispo se inclinó hacia delante, interesado. Entrecerró los ojos y preguntó:

—¿Y qué le dijo Jesús entonces?

Ella tomó la mano del obispo y le miró a los ojos.

—Obispo, sus palabras exactas fueron: NO LOS RECUERDO.

El cristianismo se da cuando los hombres y las mujeres aceptan con inconmovible confianza que sus pecados han sido no sólo perdonados, sino también olvidados, limpiados en la sangre del Cordero. Mi amigo el arzobispo Joe Reia dice: «Un cristiano triste es un cristiano falso, y un cristiano culpable, no es cristiano para nada».

La conversión de la desconfianza hacia la confianza se forma al pie de la cruz. «En el Calvario de la muerte de Cristo los santos meditan, contemplan y sienten a su Señor».[9] Hay una conexión esencial entre sentir a Dios, amar a Dios y confiar en Dios. Uno confiará en Dios sólo si le ama. Y uno le amará al punto de haberle tocado, no porque Él nos haya tocado.

Hace algunos años, un hombre temeroso y ansioso, de unos treinta y tantos años, vino a un retiro donde yo predicaba. Un grupo de hombres que le conocía desde hacía algún tiempo también había asistido al retiro, y todos se sorprendieron ante su transformación. Hasta su expresión facial había cambiado. Todo porque repentinamente tuvo la libertad para confiar. La experiencia básica fue el darse cuenta de que Dios le amaba. Esto sucedió en la oración. Le conmovieron las palabras de Pablo: «Mas Dios muestra su amor para con nosotros, en que siendo aún pecadores, Cristo murió por nosotros» (Romanos 5:8). Su experiencia del amor humano no tenía el poder de liberarle de la desconfianza. Esa simple oración ante el Cristo crucificado sí lo tuvo.

La cruz es la confrontación con la sobrecogedora bondad de Dios revelada en el cuerpo quebrantado de su Hijo Unigénito. Nuestro encuentro personal, no simplemente el conocimiento intelectual, sino la experiencia de sentir el amor de Jesucristo, nos impulsa a confiar. Hace más de trescientos años, Claude de la Columbiere comentó sobre la cena de Jesús en la casa de Simón el fariseo: «Por cierto, entre todos los presentes, quien más honró al Señor fue Magdalena, porque estaba tan persuadida de la misericordia de Dios que veía todos sus pecados como un átomo en la presencia de su misericordia».

La palabra profética dicha por Jesús a una viuda de treinta y cuatro años, Marjor y Kempe, en Lynn, Massachusetts, en 1667, sigue siendo antigua pero nueva por siempre: «Más que complacerme todas tus oraciones, obras y penitencias, me complace que creas que te amo».

La gracia de dejarlo todo y permitir que Dios sea Dios, proviene de la confianza en su infinito amor: «El que no escatimó ni a su propio Hijo, sino que lo entregó por todos nosotros, ¿cómo no nos dará también con él todas las cosas?» (Romanos 8:32). Sin embargo, muchos encontramos dificultad para confiar. Quizás perseguidos por el espectro de padres que vivieron en la pobreza, o por la doctrina de frases como: «En Dios confiamos; todos los demás deben pagar en efectivo», o por canciones como: «Jesús pone sus ahorros en el Chase Manhattan Bank», todo esto que oímos desde hace años nos hace tener un espíritu escéptico, y suponemos que podemos controlar nuestro destino.

Es únicamente el amor el que puede darnos la fuerza para zambullirnos en la confianza, el coraje de apostarlo todo a Jesús, la disposición para ir de las tinieblas hacia la luz, guiados por una columna de fuego. La confianza se aferra a la creencia de que todo lo que sucede en nuestras vidas tiene como designio enseñarnos la santidad. El amor de Cristo inspira confianza para agradecer a Dios por el dolor de cabeza, por la dolorosa artritis, por la oscuridad espiritual que nos envuelve, para decir con Job: «¿Recibiremos de Dios el bien, y el mal no lo recibiremos?» (Job 2:10); para orar con Charles Foucauld:

> «Abba, me entrego en tus manos. Haz conmigo lo que te plazca. Y sea lo que fuere que hagas, te lo agradezco. Estoy preparado para todo: acepto todo. Que se haga tu voluntad en mí y en todas tus criaturas. No pido más que esto, oh, Señor. En tus manos encomiendo mi espíritu. Te lo ofrezco con todo el amor de mi corazón, porque te amo, Señor, y me entrego, me rindo en tus manos sin reserva, con absoluta confianza, *porque tú eres mi Padre*».

Un sacerdote de Bahamas relata una historia que capta la esencia de la confianza bíblica.

> «Una casa de dos plantas se incendió. La familia—los padres y varios hijos—estaban saliendo cuando el más pequeño se asustó y volvió corriendo a la casa, soltándose de los brazos de su madre. Repentinamente, apareció en una de las ventanas, tapado por el humo y llorando. El padre le gritó desde afuera de la casa: "¡Salta, hijo, salta!". El niño lloraba: "Pero papá, es que no te veo". "Lo sé", dijo el padre, "pero yo sí te veo"».[10]

La tercera característica de la gracia y la intervención de Jesús en nuestra vida, es el sentimiento de gratitud.

En el famoso cuento de O. Henry, *The Gift of the Magi* [El regalo de los magos], la joven esposa sólo tiene $1.87 el día antes de Navidad para comprarle un regalo a su esposo. Impulsivamente, decide vender su largo y grueso cabello para comprarle una cadena para su reloj de oro que tanto amaba. Al mismo tiempo, él vende el reloj para comprarle a ella unas peinetas hermosas para su larga cabellera.

¿Alguna vez ha hecho algo tan extravagante espontáneamente? ¿Ha vaciado su alcancía para comprar un regalo que piensa es perfecto para quien usted ama?

«Pero estando él en Betania, en casa de Simón el leproso, y sentado a la mesa, vino una mujer con un vaso de alabastro de perfume de nardo puro de mucho precio; y quebrando el vaso de alabastro, se lo derramó sobre su cabeza. Y hubo algunos que se enojaron dentro de sí, y dijeron: ¿Para qué se ha hecho este desperdicio de perfume? Porque podía haberse vendido por más de trescientos denarios, y haberse dado a los pobres. Y murmuraban contra ella. Pero Jesús dijo: Dejadla, ¿por qué la molestáis? Buena obra me ha hecho. Siempre tendréis a los pobres con vosotros y cuando queráis les podréis hacer bien; pero a mí no siempre me tendréis. Esta ha hecho lo que podía; porque se ha anticipado a ungir mi cuerpo para la sepultura. De cierto os digo que dondequiera que se predique este evangelio, en todo el mundo, también se contará lo que ésta ha hecho, para memoria de ella» (Marcos 14:3-9).

¡Qué hermoso gesto impulsivo de gratitud! Según la opinión humana fue un desperdicio, algo tonto de hacer. Sin embargo, Jesús se sintió tan conmovido que quiso que la historia de la extravagancia de esta mujer fuera contada a todas las generaciones de todos los tiempos.

Obviamente, aquí Jesús dice que hay un lugar para lo impulsivo y espontáneo, lo poco práctico y extravagante, lo heroico y extraordinario, lo que no se piensa y que estalla desde la generosidad, cuando expresa: «Está bien dar gracias y alabanza». Sin embargo, nuestra gratitud hacia Jesús es mayormente nuestro servicio hacia quienes nos rodean, sin decir nada: «Y respondiendo el Rey, les dirá: De cierto os digo que en cuanto lo hicisteis a uno de estos mis hermanos más pequeños, a mí lo hicisteis». (Matco 25:40)

Y aunque Cristo ya no esta visiblemente entre nosotros, le ministramos en cada uno de los andrajosos que sí están a nuestro alcance. Cada encuentro con un hermano o hermana es un misterioso encuentro con Jesús mismo. En el aposento alto, el Hombre igual a nosotros en todo, menos en la ingratitud, descifró el plan de juego de la gratitud: «Ámense, como yo los he amado». Le dijo a Pedro, en la playa del Mar de Tiberias: «Si me amas, Simón, hijo de Jonás, cuida de mis ovejas». Sencillamente, nuestra profunda gratitud a Jesucristo no se manifiesta en la castidad, en la sinceridad ni en ser sobrios o respetables, o en ir a la iglesia y cantar salmos o repetir versículos. Se expresa en el respeto profundo y delicado hacia los demás.

Cada domingo la adoración se ve subordinada a la reconciliación con los demás: «Por tanto, si traes tu ofrenda al altar, y allí te acuerdas de que tu hermano tiene algo contra ti, deja allí tu ofrenda delante del altar, y anda, reconcíliate primero con tu hermano, y entonces ven y presenta tu ofrenda». (Mateo 5:23-24).

La adoración, el culto y la religión en general no tienen autonomía. Dios es un Ser para los demás, y no un Ser para sí mismo. «La adoración cultural no es sólo hipócrita sino absolutamente carente de significado si no va acompañada del amor por los demás; porque de otro modo, no puede ser una manera de dar gracias a Dios».[11]

El ministerio de evangelización es una extraordinaria oportunidad de mostrar gratitud a Jesús, trasmitiendo su evangelio de la gracia a los demás. Sin embargo, el método de «conversión a los golpes», tratando a la fuerza de introducir la Biblia en la cabeza de otros, una y otra vez, traiciona el respeto a la dignidad ajena, y es totalmente inadecuado al evangelio que nos ordena dar testimonio. Evangelizar a una persona es decirle: tú también eres amado por Dios en el Señor Jesús. Y no sólo decirlo, sino realmente pensarlo y relacionarlo con la persona para que puedan sentirlo. Esto es lo que significa anunciar la Buena Nueva. *Pero esto sólo es posible si le ofrecemos a la persona nuestra amistad*, una amistad real, sin egoísmo, sin condescendencia, llena de confianza y profunda estima.

La película *Amadeus* fue muy buena. Se centra en dos figuras poderosas y contrastantes: Salieri, el compositor de la corte del Emperador, y Wolfgang Amadeus Mozart, el joven y desconocido joven genio: «Alguien describió su vida diciendo que era vino, mujeres y canciones. Pero él no cantaba mucho».[12] El limitado y poco inspirado Salieri vive celoso de los ilimitados talentos dados por Dios al joven Mozart. Sin embargo, después de cada compás que escribe, Salieri susurra: «Grazie, Signore» [Gracias, Señor]. Esta frase de Salieri está en el corazón de nuestra respuesta a la gracia de Dios y al evangelio de la gracia.

*Grazie, Signore, por tus labios torcidos por amor
para que se acomoden a mi pecaminoso ser; por
juzgarnos no por mis hechos desastrosos, sino por tu
amor, que es tu regalo para mí; por tu ilimitado
perdón e infinita paciencia conmigo; por los que
tienen talentos más grandes que los míos; y por
la sinceridad para reconocer que soy andrajoso.
Cuando caiga el telón del final y me llames a
casa, que mi última palabra susurrada en esta
tierra sea el grito del corazón: «Grazie, Signore».*

Capítulo siete

JOYAS Y SALCHICHAS
DE IMITACIÓN

La gracia es tan común como las pieles artificiales, las antigüedades falsas, las joyas y las salchichas de imitación. La tentación de nuestros tiempos consiste en verse bien sin ser bueno. Si las «mentiritas piadosas» fueran crimen, todos estaríamos presos antes del anochecer. Se requirió mucha cooperación para crear la atmósfera en la que los escándalos de los teleevangelistas de Charlotte y Baton Rouge florecieron. La dicotomía entre lo que decimos y lo que hacemos está tan presente en la iglesia como en la sociedad, y finalmente llegamos a creer en nuestras ilusiones y racionalizaciones, aferrándonos a estas como si fueran nuestro osito de peluche más querido.

La desgracia de la Housing and Urban Development (HUD, siglas en inglés) que sacudió a la capital de la nación el año pasado, hizo que Meg Greenfield escribiera en *Newsweek*: «Este caso es particularmente cínico porque las personas con una exitosa carrera luchando contra la corrupción, la mala administración y la incompetencia casi criminal que afecta a algunas empresas públicas, se han unido a la oposición. El escándalo HUD fue particularmente importante porque fue un caso de corrupción interna, y porque traicionó de forma evidentemente los valores que su administración sostenía como esenciales».

Los impostores en el Espíritu siempre prefieren las apariencias a la realidad. La racionalización comienza con una mirada en el espejo. No nos gusta lo que vemos, el modo en que realmente somos, y entonces utilizamos maquillaje, iluminación y accesorios para crear una imagen aceptable de nosotros mismos. Nos apoyamos en el disfraz elegante que nos hace vernos bien, o que al menos esconde nuestro aspecto verdadero. El autoengaño hipoteca nuestra naturaleza pecaminosa y nos impide vernos como lo que realmente somos... mendigos andrajosos.

Uno de mis recuerdos más vívidos data de abril de 1975. Yo estaba internado en un centro de rehabilitación para alcohólicos en una pequeña ciudad al norte de Minneapolis. El lugar era grande, con una sala de recreación, y estaba ubicado sobre una colina junto a un lago artificial. Éramos veinticinco hombres, dependientes de sustancias químicas, los que estábamos reunidos. Nuestro líder era un consejero profesional, un muy buen terapeuta y además uno de los directores de la clínica. Su nombre era Sean Murphy-O'Connor, aunque normalmente anunciaba su llegada diciendo: «Es él mismo. Vamos a trabajar».

Sean le indicó a un paciente llamado Max que se sentara en la «silla caliente», en el centro de la U formada por el grupo.

Max era un cristiano nominal, de estatura pequeña, casado y con cinco hijos, propietario y presidente de su compañía. Era rico, afable y tenía distinción.

—¿Cuánto tiempo llevas bebiendo como un borrachín, Max? —preguntó Murphy-O'Connor sin preámbulo alguno.

—Eso no es justo —se quejó Max.

—Ya veremos. Quiero que nos cuentes tu historial de bebedor. ¿Cuánto bebes por día?

Max volvió a encender su pipa.

—Bebo dos Marys con los muchachos antes del almuerzo, y martinis dobles después de la oficina, a las cinco. Después...

—¿Qué son Marys y Martinis? —interrumpió Murphy-O'Connor.

—Bloody Marys: vodka, jugo de tomate, un toque de limón y Worcestershire, y una pizca de Tabasco. martinis: ginebra Beefeaters extra seca, sin hielo, bien fría, con una aceituna y una rodaja de limón.

—Gracias, Mary Martin. Continúa.

—A mi esposa le gusta beber una copa antes de cenar. Y hace unos años hice que le gustaran los martinis. Por supuesto, ella los llama «aperitivos» —Max sonrió—. Claro, comprenden el eufemismo, ¿verdad?

Nadie respondió.

—Como iba diciendo, bebemos dos martinis antes de la cena, y dos más antes de ir a dormir.

—¿Ocho tragos al día, Max? —preguntó Murphy-O'Connor.

—Así es. Ni una gota más, ni una menos.

—¡Mentiroso!

Sin inmutarse, Max respondió:

—Fingiré que no oí eso. He dirigido mi empresa durante más de veinte años, y construí mi reputación sobre la base de la verdad, no de la mentira. La gente sabe que mi palabra es mi firma.

—¿Escondes botellas en tu casa? —preguntó Benjamín, un indio navajo de Nuevo México.

—No seas ridículo. Tengo un bar en mi sala de estar, grande como el traste de un caballo. Nada personal, señor Murphy-O'Connor.

Max sentía que había recobrado el control de la situación. Sonreía otra vez.

—¿Guardas alcohol en el garaje, Max?

—Por supuesto, necesito provisiones. Un hombre de mi profesión siempre recibe visitas—nuevamente, habló el ejecutivo en Max.

—¿Cuántas botellas hay en tu garaje?

—No lo sé con exactitud. A grandes rasgos, diría que hay dos cajas de vodka Smirnoff, una casa de ginebra Beefeaters, unas pocas botellas de vino tinto y escocés, y otras tantas de licor.

Las preguntas continuaron durante veinte minutos más. Max avanzaba y retrocedía, minimizaba, racionalizaba y justificaba su conducta de bebedor. Finalmente, acorralado por las preguntas y la situación, admitió tener una botella de vodka en su mesa de noche, una botella de ginebra en su maleta para cuando viajaba, otra en el botiquín del baño para fines medicinales, y tres más en la oficina para cuando recibía clientes de visita. Ocasionalmente se mostraba algo incómodo, pero nunca perdió su barniz de autoconfianza.

Max sonrió algo inquieto:

—Todos, señores míos, hemos bebido un poco en algún momento de la vida—esa fue su frase de justificación, como si sólo los grandes hombres pudieran darse el lujo de reírse de sí mismos.

—¡Mentiroso! —gritó alguien del grupo.

—No hace falta ser agresivo ni vengativo, Charlie —replicó Max enseguida. —Recuerda la imagen en el Evangelio de Juan sobre la paja en el ojo ajeno y la viga en el propio. Y la otro, en Mateo, cuando la olla llama negra a la pava.

(Aquí debo aclarar que la referencia a la paja y la viga no están en Juan, sino en Mateo, y que la olla y la pava son un proverbio secular, el cual no forma parte de las Escrituras. Pero sentí algo de superioridad espiritual que me envolvía como una niebla espesa. Decidí dejar pasar la oportunidad de corregirlo fraternalmente. Después de todo, no estaba haciendo un trabajo de investigación allí. Era uno más en el grupo de alcohólicos en recuperación.)

—Consígueme un teléfono —dijo Murphy-O'Connor.

Trajeron un teléfono a la sala. Murphy-O'Connor buscó en su agenda y marcó un número. Era de la ciudad de Max. El teléfono tenía parlantes, así que todos podíamos oír la conversación.

—¿Hank Shea?

—Soy yo. ¿Quién es?

—Me llamo Sean Murphy-O'Connor. Soy consejero en un centro de rehabilitación para alcohólicos y drogadictos en el oeste.

¿Recuerda usted a un cliente llamado Max? (Pausa). Bien. Con autorización de su familia, estoy investigando su historial de bebedor. Usted atiende un bar allí todas las noches, por lo que me pregunto si podría decirme cuánto bebe Max cada día.

—Conozco a Max, pero ¿está usted seguro que tiene permiso para preguntarme esto?

—Tengo su firma en un papel que me autoriza. Dígame.

—Es un buen tipo. Me gusta. Gasta treinta dólares aquí cada noche. Max toma seis martinis, luego paga un par de tragos a otras personas, y siempre me deja propina. Es un buen tipo.

Max se puso de pie de un salto. Levantando su mano derecha, desafiante, disparó una retahíla de insultos, propia de un estibador de puerto. Atacó a los antepasados de Murphy-O'Connor, impugnó la legitimidad de Charlie y la integridad del grupo. Arañaba el sofá y escupió en la alfombra.

Luego, con un increíble golpe de gracia, recobró su compostura. Se sentó y observó como si nada sucediera que aun Jesús había perdido su compostura en el templo cuando vio a los saduceos vendiendo palomas y tortas en el atrio. Después de su homilía al grupo sobre la ira justificable, llenó su pipa y supuso que la interrogación había terminado.

—¿Alguna vez has sido poco amable con tus hijos? —preguntó Fred.

—Me alegro que lo menciones, Fred. Tengo una excelente relación con mis cuatro hijos. El último Día de Acción de Gracias los llevé a pescar a las montañas. Compartimos cuatro días juntos. ¡Perfectos! Dos de mis hijos acaban de graduarse de Harvard, y Max Jr. está en su tercer año de…

—No es eso lo que pregunté. Al menos una vez en su vida todo padre ha sido poco amable con alguno de sus hijos. Tengo sesenta y dos años, y puedo confirmarlo. Ahora, danos un ejemplo específico.

Hubo una larga pausa. Finalmente:

—Bueno, fui un poco rudo con mi hija de nueve años la Navidad pasada.

—¿Qué sucedió?

—No lo recuerdo. Sólo siento una mala sensación en mi corazón cuando pienso en ello.

—¿Dónde sucedió? ¿En qué circunstancias?

—¡Un momento! Acabo de decir que no lo recuerdo. No puedo librarme de este mal sentimiento —protestó Max.

Sin inmutarse, Murphy-O'Connor marcó un número de teléfono y habló con la esposa de Max.

—Soy Sean Murphy-O'Connor, señora. Estamos en medio de una sesión de grupo y su esposo nos acaba de decir que fue rudo con su hija la Navidad pasada. ¿Podría darnos más detalles, por favor?

Una voz suave llenó la habitación.

—Sí, puedo contarle todo. Siento como si hubiera sido ayer. Nuestra hija Debbie quería un par de botines para Navidad. La tarde del 24 de diciembre mi esposo la llevó al centro, le dio sesenta dólares y le dijo que se comprara el mejor par que hubiera en la tienda. Eso es exactamente lo que hizo la niña. Cuando volvió a subir a la camioneta, le dio un beso en la mejilla y le dijo a Max que era el mejor papá del mundo. Max se sentía orgulloso, y decidió celebrar de camino a casa. Se detuvo en el Cork'N'Bottle, un bar que está a unos kilómetros de casa, y le dijo a Debbie que saldría enseguida. Era un día muy frío. Hacía unos 2ºC, por lo que Max dejó el motor en marcha y cerró las puertas con llave desde afuera para que nadie pudiera entrar. Eran las tres de la tarde, más o menos y...

Silencio.

—¿Sí?

Se oyó la respiración agitada de la mujer en el parlante. Su voz era débil. Estaba llorando.

—Mi esposo se encontró con unos antiguos compañeros del ejército en el bar. Llevado por la euforia del encuentro, perdió la cuenta de las horas, olvidó su propósito, todo. Salió del bar a medianoche. Totalmente borracho. El motor se había detenido y las ventanas estaban congeladas. Debbie había sufrido congelamiento parcial de las orejas y los dedos. Cuando llegamos al hospital, tuvieron que amputarle el pulgar y el índice de la mano derecha. Quedó sorda para siempre.

Max parecía estar teniendo un ataque cardíaco. Se levantó con movimientos no coordinados. Se le cayeron los lentes y la pipa. Cayó sobre sus rodillas y comenzó a llorar con histeria.

Murphy-O'Connor se puso de pie y con voz suave anunció:

—La sesión ha terminado.

Los veinticuatro alcohólicos y adictos en recuperación subimos las escaleras. Doblamos a la izquierda, y junto a la barandilla nos detuvimos, mirando hacia abajo. Nadie olvidará lo que vio ese día, el 24 de abril a mediodía. Max seguía allí, en cuatro patas. Sus sollozos se habían convertido en gritos. Murphy-O'Connor se le acercó, apoyó su pie en las costillas y empujó. Max se dio vuelta y quedó boca arriba.

—Basura indecible —gritó Murphy-O'Connor—. Tienes una puerta a la derecha y una ventana a la izquierda. Toma el camino que más te convenga. Sal de aquí antes de que me hagas vomitar. ¡No rehabilito a mentirosos!

La filosofía del amor rudo se basa en la convicción de que no puede iniciarse una recuperación efectiva hasta tanto la persona admita que no puede controlar su adicción y que su vida se ha vuelto inmanejable. La alternativa a la confrontación de la verdad siempre toma la forma de la autodestrucción. Max tenía tres opciones: demencia a la larga, muerte prematura, o dejar el alcohol. Para liberar al cautivo, uno debe poder nombrar el cautiverio. La negación de Max debía identificarse a través de la interacción con sus pares, sin ocultación. Su propio engaño debía desenmascararse para dejar de lado el absurdo.

Ese mismo día, más tarde, Max solicitó y obtuvo permiso para continuar con el tratamiento. Experimentó entonces el cambio de personalidad más grande que haya visto jamás. Se volvió sincero, más asequible, vulnerable y afectuoso que todos los demás en el grupo. El amor rudo lo había convertido en alguien real, y la verdad le había hecho libre.

Final de esta historia: la noche antes de que Max terminara con su tratamiento, Fred pasó por su habitación. La puerta estaba entreabierta. Max estaba sentado ante su escritorio leyendo una novela titulada *Watership Down*. Fred llamó a la puerta y entró. Durante un momento Max permaneció mirando el libro. Cuando levantó la vista, estaba llorando.

—Fred —dijo con voz ronca— acabo de orar por primera vez en mi vida.

Había iniciado su camino hacia Dios.[1]

Existe una íntima conexión entre la búsqueda de la sinceridad y una personalidad transparente. Max no podía encontrar la verdad del Dios viviente, hasta que se enfrentó con su alcoholismo. Desde una perspectiva bíblica, Max era un mentiroso. En la filosofía, lo opuesto a la verdad es llamado error; en las Escrituras, lo opuesto a la verdad se llama mentira. La mentira de Max consistía en aparentar ser algo que no era: un bebedor social. La verdad para él significó reconocer la realidad: su adicción al alcohol.

El Malvado es el más grande ilusionista. Barniza la verdad y alienta la insinceridad: «Si decimos que no tenemos pecado, nos engañamos a nosotros mismos, y la verdad no está en nosotros» (1 Juan 1:8). Satanás nos impulsa a dar importancia a lo que no es importante. Disfraza lo trivial con brillos y luces, y nos seduce apartándonos de lo que es real. Nos hace vivir en un mundo de engaño, ilusión y sombras.

Jean Danielou escribió: «La verdad consiste en una mente que le da a las cosas la importancia que en realidad tienen». Los verdaderamente Real es Dios. Cuando Max enfrentó y aceptó la verdad de su alcoholismo, pasó por una puerta hacia el reconocimiento de la soberana realidad de Dios, y dijo: «He orado por primera vez en mi vida».

El diablo de la vida cristiana es la tentación a perder el propio ser interior, preservando la cáscara exterior de la conducta edificante. De repente me encuentro ministrando a las víctimas de SIDA para mejorar mi currículum. Encuentro que renuncié al helado en Pentecostés para perder peso. Dejo indicios a mi paso sobre la prioridad de la meditación y la contemplación para crear la impresión de que soy un hombre de oración. En algún momento que no recuerdo perdí la conexión entre la pureza interna de corazón y las obras externas que muestran piedad. En el sentido más humillante de la palabra, me he vuelto un legalista. Soy víctima de lo que T. S. Eliot llama el peor pecado: hacer lo correcto por el motivo incorrecto.

«Guardaos de los escribas, que gustan de andar con largas ropas, y aman las salutaciones en las plazas... que devoran las casas de las viudas, y por pretexto hacen largas oraciones» (Marcos 12:38, 40). Jesús no veía la oración con ojos ingenuos. Sabía que podía ser falsificada por el narcisismo espiritual, la hipocresía, la palabrería y sensacionalismo. El diablo no se ve intimidado por las fronteras del tiempo.

La carta de Santiago aconseja: «Confesaos vuestras ofensas unos a otros» (Santiago 5:16). Esta práctica saludable busca guiarnos en la aceptación de nuestra condición de andrajosos, aunque como observa Dietrich Bonhoeffer:

«Quien está sólo con sus pecados está completamente solo. Quizás los cristianos, aun con sus servicios de adoración, con sus oraciones en grupo y su compañerismo en el servicio, también estén en soledad. No se produce el compañerismo y la camaradería real porque aunque se acompañan como creyentes y como devotos, no están unidos como pecadores, como no devotos. El compañerismo entre píos no admite que uno sea pecador, así que todos deben esconder sus pecados, de sí mismos y de los demás. No nos atrevemos a ser pecadores. Muchos cristianos se horrorizan cuando descubren a un pecador real entre los rectos. Así que, nos quedamos solos con nuestro pecado, viviendo en la mentira y la hipocresía. ¡Pero el hecho es que todos somos pecadores!»[2]

El domingo en la iglesia, así como en toda otra dimensión de nuestra existencia, muchos *fingimos creer* que somos pecadores. En consecuencia, lo único que podemos hacer es fingir que creemos que se nos ha perdonado. Como resultado nuestra vida espiritual muestra un arrepentimiento falso y una dicha aparente.

El atractivo de las joyas y las salchichas de imitación es poderoso. Una pequeña inversión en la apariencia de las buenas obras y la buena conducta rinde la recompensa de la comunidad de fe: la adulación y el elogio. Si lo unimos a una personalidad carismática y un aspecto atractivo, la hipocresía puede hacernos ganar un apartamento de $640,000 en la Torre Trump, un anillo de diamantes de $90,000 de Tiffany's, y vuelos frecuentes a Europa.

El futuro espiritual de los andrajosos consiste no en la negación de que somos pecadores, sino en la aceptación de esa verdad con toda claridad, regocijándonos en el increíble anhelo de Dios por salvarnos, a pesar de todo. C. S. Lewis escribió:

«Puede ser que la salvación consista no en la cancelación de estos momentos eternos, sino en la humildad perfeccionada que se lleva la vergüenza para siempre, regocijándonos en la ocasión que Dios nos da por su compasión, y felices de que sea de conocimiento

universal. Quizás en ese momento eterno San Pedro—
quien me perdonará si me equivoco—niegue para
siempre a su Maestro. Si es así, quizás sea verdad que
el gozo del cielo es para la mayoría de nosotros, en
nuestra condición presente, un gusto adquirido. Por
lo tanto, existen estilos de vida que nos niegan para
siempre dicha adquisición. Quizás los perdidos son
quienes no se atreven a entrar en ese espacio público».[3]

Bíblicamente, no hay nada más detestable que un discípulo que se cree santo. Está tan hinchado de orgullo que su
presencia se hace insoportable. Sin embargo, surge una pregunta acuciante. ¿Me he aislado en una fortaleza de racionalizaciones, como para no ver que puedo no ser tan diferente del
discípulo que se cree santo como me gustaría pensar?

Me imagino lo siguiente:

Una mujer humilde me busca por mi supuesta reputación
como guía espiritual. Dice simple y llanamente:

—Por favor, enséñeme a orar.

—Cuénteme acerca de su vida de oración —pregunto.

Ella baja la vista y dice con contrición:

—No hay mucho que decir. Doy las gracias antes de
comer. Con altanería respondo:

—¿Da las gracias antes de comer? ¡Qué lindo, señora! Yo
doy las gracias al despertarme, antes de dormir, antes de leer
el periódico y al encender la televisión. Digo gracias antes de
salir, de meditar, antes del cine, de la ópera, antes de correr,
nadar, andar en bicicleta, comer, hablar en público y escribir.
Doy las gracias aun antes de dar las gracias.

Esa noche, empapado en aprobación conmigo mismo, me
presento ante el Señor, y Él susurra:

—Eres una basura desagradecida. Hasta el deseo de dar
las gracias es un don que yo te doy.

Hay una antigua leyenda cristiana que dice:

«Cuando el hijo de Dios estaba clavado en la cruz, y cuando entregó su espíritu, fue derecho al infierno desde la cruz para liberar a todos los pecadores que estaban allí sufriendo tormento. Y el diablo lloró amargamente, porque ya no tendría pecadores para su infierno. Entonces Dios le dijo: "¡No llores, porque te enviaré a todos esos santurrones que se complacen a ellos mismos, conscientes de su propia bondad, rectos en su condena hacia los pecadores. Y el infierno volverá a llenarse una vez más, durante generaciones, hasta que yo vuelva"».[4]

¿Cuánto tiempo pasará antes de que descubramos que no podemos impactar a Dios con nuestros logros?

¿Cuándo reconoceremos que no necesitamos, que no podemos comprar el favor de Dios? ¿Cuándo reconoceremos que no tenemos lo que hace falta, y aceptaremos felices el regalo de la gracia? ¿Cuándo entenderemos la verdad de Pablo: «Sabiendo que el hombre no es justificado por las obras de la ley, sino por la fe de Jesucristo» (Gálatas 2:16)?

La fe auténtica nos lleva a tratar a los demás con seriedad incondicional, y a sentir amorosa reverencia ante el misterio de la personalidad humana. El cristianismo auténtico debiera llevarnos a la madurez, a la personalidad y la realidad. Debiera formar hombres y mujeres íntegros, viviendo vidas de amor y comunión.

La religión falsa y manejada por los hombres produce el efecto contrario. Cuando la religión muestra desprecio o desconsideración por los derechos de las personas, aun bajo los pretextos más nobles, nos aleja de la realidad y de Dios. Podemos dar «marcha atrás» en la religión y hace que sea un escape de la religión misma.

El Evangelio de Juan muestra a los líderes religiosos de Israel, preocupados a causa de Jesús:

«Entonces los principales sacerdotes y los fariseos reunieron el concilio, y dijeron: ¿Qué haremos? Porque este hombre hace muchas señales. Si le dejamos así, todos creerán en él; y vendrán los romanos, y destruirán nuestro lugar santo y nuestra nación. Entonces Caifás, uno de ellos, sumo sacerdote aquel año, les dijo: Vosotros no sabéis nada; ni pensáis que nos conviene que un hombre muera por el pueblo, y no que toda la nación perezca» (Juan 11:47-50).

A Caifás le ha sucedido algo terrible. La religión ha dejado el ámbito del respeto por la persona. Para Caifás, lo sagrado es la institución, la estructura, la abstracción. Se dedica al pueblo, por lo que el hombre de carne y hueso es descartable. Caifás se dedica a la nación, pero la nación no sangra como lo hace Jesús. Caifás se dedica al templo, al ladrillo impersonal y el hormigón. Caifás se volvió impersonal, ya no era un cálido ser humano, sino un robot, fijo y rígido como su mundo impertérrito.

A los cristianos por lo general no se nos presenta la opción entre Jesús y Barrabás. Nadie quiere verse como asesino evidente. La elección que surge es la de ser cuidadosos a la hora de elegir entre Jesús y Caifás. Y Caifás puede engañarnos. Es un hombre muy «religioso».

El espíritu de Caifás sigue vivo en cada siglo de burócratas religiosos que con toda certeza condenan a personas buenas que han transgredido malas leyes religiosas. Siempre por buenas razones, por supuesto: por el bien del templo, por el bien de la iglesia. ¿Cuántas personas sinceras han sido echadas de la comunidad cristiana por agentes de bolsa religiosos con espíritus tan adormecidos como el de Caifás?

El fatal espíritu de la hipocresía sigue vivo en prelados y políticos que desean verse bien, pero no ser buenos; sigue vivo en las personas que prefieren rendir el control de sus almas a las reglas, en lugar de correr el riesgo de vivir en unión con Jesús.

Eugene Kennedy escribe:

«El diablo se alimenta de la urgencia por el control, en lugar de liberar el alma humana. Casi no podemos dejar de ver en estos últimos años del siglo veinte cómo se han reunido las fuerzas del control... Estamos en un bosque oscuro en que los líderes religiosos y políticos, temerosos, nos obligarían a pasar en fila india por su exclusivo sendero de la rectitud. Quieren intimidarnos, asustarnos, para que les entreguemos nuestras almas una vez más. Jesús vio estas fuerzas oscuras, identificándolas como los corruptores de la naturaleza esencial de la religión en su tiempo. Muchos siglos más tarde, esto continúa siendo igual».[5]

El modo en que nos tratamos los unos a los otros es la prueba más verdadera de nuestra fe. El modo en que trato a un hermano o hermana, día tras día, el modo en que reacciono ante el mendigo y el loco en la calle, el modo en que respondo a las interrupciones de quienes me desagradan, el modo en que trato a las personas normales, en su confusión normal de un día normal, puede indicar mejor mi reverencia por la vida que la etiqueta contra el aborto que llevo pegada al parachoques trasero de mi automóvil.

No somos defensores de la vida simplemente porque rechacemos la muerte. Somos defensores de la vida en tanto seamos personas que se brindan a los demás, a todos los demás, al punto de que no haya ser humano que nos sea extraño; al punto que podamos tocar la mano de otro con amor; al punto que no haya «otros».

Hoy, el peligro de la posición a favor de la vida que apoyo con vigor, es que esta puede volverse terriblemente selectiva. Los derechos de los no natos y la dignidad de los ancianos son retazos del mismo género. Lloramos ante la destrucción injustificada de los que no llegan a nacer. ¿Lloramos también cuando las noticias mostraron que en Arkansas una familia de color había sido echada a los tiros de un barrio de blancos?

Una mañana viví una hora horrible. Intenté recordar cuán a menudo, entre 1941 y 1988, había llorado por un alemán, un japonés, un norcoreano, un vietnamita, por un nicaragüense sandinista o un cubano. No pude recordar ni una sola ocasión. Luego lloré. No por ellos, sino por mí.

Cuando alabamos la vida y criticamos a los abortistas, nuestra credibilidad como cristianos se vuelve cuestionable. Por un lado proclamamos el amor, la angustia, el dolor y el gozo que significa un solo niño. Proclamamos lo preciosa que le es a Dios cada vida, y cuánto debiéramos apreciarla nosotros. Pero por otra parte, cuando es el enemigo el que clama al cielo con su carne en llamas, no lloramos ni nos avergonzamos: pedimos más.

El judío sensible recuerda la Edad Media: cada gueto construido por los cristianos, cada bautismo obligado, cada programa de Viernes Santo, cada retrato de Shylock pidiendo su libra de carne, cada vestido, sombrero o brazalete identificador, cada muerte en pos de la conciencia, cada vez que se ha dado la espalda, cada vez que encogimos los hombros, cada cachetada e insulto.

Con su trágica historia, no es de extrañar que muchos judíos no se inmuten con nuestras campañas en contra del aborto, con nuestras discusiones sobre lo sagrado de la vida humana. Porque aún oyen los gritos del cristiano asesino; los sobrevivientes de Auschwitz y Dachau todavía sienten los golpes en sus espaldas; aún ven las imágenes del jabón humano, incluso sienten el hambre y el olor del gas. La del judaísmo es la historia de nuestro cuidado y preocupación por ellos: no están seguros de que nos importen.

La posición en defensa de la vida es una vestidura sin costuras, de reverencia ante el no nato y el anciano, ante el enemigo, el judío, y la calidad de vida de todas las personas. De lo contrario, es una joya falsa, una salchicha de imitación.

El alivio llega si somos rigurosamente sinceros con nosotros mismos. Es interesante observar que cada vez que los evangelistas Marcos, Lucas o Juan mencionan a los apóstoles, nombran al autor del primer Evangelio Leví o Mateo. En su evangelio, Mateo se autodenomina siempre «Mateo el publicano», porque esto recuerda siempre quién era, y recuerda de forma permanente cómo Jesús se hizo pequeño para elegirle.

Somos publicanos, de la misma manera que lo fue Mateo.

La sinceridad nos pregunta si estamos preparados, dispuestos y listos para reconocer esta verdad. La sinceridad pone fin a lo fingido por medio de un cándido reconocimiento de nuestra frágil humanidad. Es siempre desagradable y por lo general, dolorosa, y es por eso que no soy muy bueno en esto. Sin embargo, permanecer en la verdad ante Dios y ante los demás nos recompensa infinitamente. Es la recompensa que trae el sentido de la realidad. Sé algo precioso. Estoy en contacto conmigo mismo tal como soy. Mi tendencia a fingir que soy un falso Mesías, desaparece.

Si rechazo mi identidad andrajosa me alejo de Dios, de la comunidad y de mí mismo. Me vuelvo obsesionado por la ilusión, un hombre con falso poder, con temible debilidad, incapaz de pensar, actuar o amar.

Gerald May, un psiquiatra cristiano de Washington, D.C., escribe:

«La sinceridad ante Dios requiere del riesgo de fe más esencial que podamos tomar: el riesgo de que Dios es bueno, que Dios nos ama incondicionalmente. Es al correr este riesgo que redescubrimos nuestra dignidad. Acercarnos a la verdad tal como somos, y a Dios tal como Él es, es lo más digno que podemos hacer en esta vida».[6]

Señor Jesús, somos tontas ovejas que nos atrevemos a venir ante ti para sobornarte con nuestras ridículas historias. Pero repentinamente, comprendemos. Lo lamentamos y te pedimos que nos perdones. Danos la gracia para admitir que somos andrajosos, para aceptar nuestro quebranto y celebrar tu misericordia cuando somos más débiles, para confiar en tu compasión, sin importar lo que hagamos.

Querido Jesús, otórganos la gracia de dejar de ponernos de pie para que nos aplaudan, de dejar de buscar la atención de los demás, de hacer lo verdadero silenciosamente y sin anuncios, de permitir que se esfume la insinceridad de nuestra vida, de aceptar nuestras limitaciones y aferrarnos al evangelio de la gracia, y de deleitarnos en tu amor. Amén.

Capítulo ocho

LÍBRES DEL MIEDO

En la incomparable novela *Los hermanos Karamazov*, de Dostoyevsky, la acusación de la Iglesia—representada por el Gran Inquisidor—en contra de Jesús que ha regresado a la tierra es: «¿Por qué has venido a molestarnos?»

Después de mil quinientos años la Iglesia institucional en lugar de proclamar a Jesús le ha suplantado. Las tradiciones eclesiásticas y las leyes hechas por los hombres le han usurpado a Jesús su lugar, y la Iglesia estaba viviendo el éxito de su ingeniosidad.

Había demasiada luz y verdad en Jesús. Su palabra: «Conocerán la verdad, y la verdad les hará libres», era intolerable. Los ancianos decidieron que los hombres y las mujeres no eran capaces de ser libres, y por lo tanto la Iglesia se arrogó la protección de las almas que se le confiaban, sólo para dispensarla cuando fuera absolutamente necesario. La gente común no podría soportar el peso de la libertad, por lo cual la Iglesia se apropió de la misma, por el bien de la gente. Porque, sostuvieron, las personas sólo podrían hacer mal uso de la libertad, abusando de ella. Librados de la ansiedad y el tormento de la decisión personal y la responsabilidad, la gente se sentiría feliz y segura en la obediencia a la autoridad.

«"Se sorprenderán ante nosotros", dice el Gran Inquisidor a Jesús, "y pensarán que somos dioses porque nosotros, que los guiamos, estamos dispuestos a soportar la libertad, esta libertad de la que huyen horrorizados; y como estamos preparados para gobernarles, les parecerá muy terrible ser finalmente libres. Pero diremos que te estamos obedeciendo y que gobernamos únicamente en tu nombre. Nuevamente, les estaremos traicionando porque no dejaremos que tengas nada que ver con nosotros". Por cierto: "¿Por qué has venido a molestarnos?" El Gran Inquisidor quiere tomar a este Jesús que ha vuelto, trayendo nuevamente la libertad, para quemarle en la hoguera en nombre de la Iglesia».[1]

La pregunta no es: «¿Qué dice Jesús?», sino: «¿Qué dice la Iglesia?». Aun hoy, muchas personas siguen preguntando esto.

Es triste, pero cierto: algunos cristianos quieren ser esclavos. Es más fácil dejar que otros tomen decisiones, o apoyarse en la letra de la ley.

Resucitado de entre los muertos, Jesús sigue presente en la comunidad de discípulos como el camino a la libertad. El Reino de Dios es un reino de libertad. Jesús nos invita y desafía a entrar en este Reino, a andar el camino real de la libertad, a ser libres por medio del amor del Padre.

Jesús llama a los andrajosos de todas partes a librarse del miedo a la muerte, a librarse del miedo a la vida, a librarse de la ansiedad por nuestra salvación.

Una de las líneas más bellas que haya leído pertenece al Hermano Roger, el Prior de los monjes protestantes de Taize, Francia. «Asegurada tu salvación por la gracia única de nuestro Señor Jesucristo».[2] Aún encuentro difícil leer esto sin lágrimas en los ojos. Es maravilloso. Cristo tomó mis pecados, tomó mi lugar, murió por mí, me libró del miedo a andar por el sendero de la paz que lleva a las Doce Puertas.

Tristemente, muchos hoy no sienten lo que Pablo llama «la gloriosa libertad de los hijos de Dios» en Romanos 8:21. El problema básico es el que presentamos en el primer capítulo de este libro: aceptamos la gracia en teoría, pero no en la práctica. Vivir por gracia, y no por la ley, nos hace salir de la casa del miedo para entrar en la del amor: «En el amor no hay temor, sino que el perfecto amor echa fuera el temor; porque el temor lleva en sí castigo. De donde el que teme, no ha sido perfeccionado en el amor» (1 Juan 4:18).

Aunque profesamos nuestra fe en el amor incondicional de Dios, muchos de nosotros seguimos viviendo en el miedo. Nouwen observa:

> «Vemos la cantidad de "si" que enunciamos en nuestra vida: ¿Qué haré *si* no encuentro marido, casa, trabajo, amigos, ayuda? ¿Qué haré *si* me despiden, *si* me enfermo, *si* tengo un accidente, *si* pierdo mis amigos, *si* mi matrimonio no funciona, *si* hay guerra? ¿Qué pasará *si* mañana es un día feo, *si* hay huelga de trenes, o *si* hay un terremoto? ¿Qué ocurrirá *si* alguien me roba mi dinero, viola a mi hija, saquea mi casa o me mata?»[3]

Cuando estas preguntas guían nuestra vida, estamos hipotecando la casa del miedo.

Jesús dice simplemente: «Permaneced en mí, y yo en

vosotros» (Juan 15:4). Es decir, que hagamos nuestra casa en Él, así como Él hace de nosotros su casa. Nuestro hogar no es una mansión celestial en el más allá, sino un lugar seguro en medio de nuestro mundo ansioso: «Respondió Jesús y le dijo: El que me ama, mi palabra guardará; y mi Padre le amará, y vendremos a él, y haremos morada con él» (Juan 14:23).

Nuestro hogar es ese lugar sagrado—externo o interno— donde no precisamos sentir miedo; donde estamos confiados de la hospitalidad y el amor. En nuestra sociedad hay muchas personas sin hogares que viven no sólo en las calles, en refugios, o en pensiones brindadas por el Estado, sin que hay vagabundos que huyen, que jamás encuentran hogar dentro de sí mismos. Buscan un lugar seguro en el alcohol o las drogas, o en la seguridad del éxito, la competencia, los amigos, el placer, la notoriedad, el conocimiento y hasta en una religión pequeña. Se han vuelto extraños a ellos mismos, gente con domicilio pero sin hogar, gente que jamás oye la voz del amor, que nunca siente la libertad de los hijos de Dios.

A quienes viven huyendo, que tienen miedo de dar la vuelta por temor a encontrarse a sí mismos, Jesús les dice: *«Tienen un hogar... Yo soy vuestro hogar... clamen a mi como su hogar... encontrarán que ese lugar íntimo en donde yo vivo... está justo donde están ustedes, en la intimidad de su ser... en su corazón».*

El autor de Hebreos describe a Jesús como quien llega para «librar a todos los que por el temor de la muerte estaban durante toda la vida sujetos a servidumbre» (Hebreos 2:15). El evangelio de la libertad proclama que la muerte es una ilusión, un fantasma, el duende que asusta a los niños: la muerte es simplemente una transición hacia la única experiencia que merece el nombre de *vida*.

Aquí está la raíz del gozo y la dicha cristiana. Por esto

el teólogo Robert Hotchkins de la Universidad de Chicago insiste:

«Los cristianos debiéramos celebrar constantemente. Las fiestas, los banquetes y la alegría deberían ser nuestra mayor ocupación. Debiéramos entregarnos a verdaderas orgías de gozo porque hemos sido liberados del miedo a la vida y del miedo a la muerte. Debiéramos atraer a la gente a la iglesia, literalmente, por la diversión que significa ser cristiano».

Desdichadamente a veces nos volvemos sombríos, serios y pomposos. Huimos al ver la libertad y nos escondemos en la oscura trinchera. Según Teresa de Ávila: «De las tontas devociones y los santos de agrio rostro, líbranos, Señor».

Hastiado y confundido, el Príncipe de las Tinieblas se llega al hogar de los discípulos que moran en Jesús y fija un cartel en la puerta:

AVISO DE DESALOJO
Por medio del presente aviso se le desaloja a
usted para siempre de la casa del miedo.
Con premeditada malicia, flagrantemente ha
faltado usted al pago mensual de culpa, ansiedad,
miedo, vergüenza y condena de sí mismo.
Se ha negado rotundamente a preocuparse por su
salvación Ya he oído decir a un decepcionado inquilino:
¡Nuestro barrio se está estropeando! Su liberación del
miedo no es sólo peligrosa, sino además contagiosa.
Los valores de la propiedad están cayendo, los
inversores ingenuos no son fáciles de hallar.
¿Por qué? ¡Porque usted se niega a ser esclavo!

¡Le maldigo, a usted y a todos los
engañados amantes de la libertad!
El Príncipe

Debemos elegir entre Cristo o la Ley como autor de la
salvación. ¿Proviene la libertad de la fe en Jesús o de la obediencia a la Torá? La pregunta es importante. «Estad, pues,
firmes en la libertad con que Cristo nos hizo libres, y no estéis
otra vez sujetos al yugo de esclavitud» (Gálatas 5:1). Los cristianos judíos proclamaban que la salvación era imposible sin
la observancia de la ley mosaica. Promovían no sólo las prácticas supererogatorias (acciones que van más allá de lo que la
fe impulsa), sino otro evangelio (1:6) que distorsiona el evangelio de Cristo (1:7).

Pablo se enoja en su epístola a los Gálatas: «¡Oh gálatas
insensatos!» (3:1). Lo que está en juego es la emancipación del
cristianismo. Pablo no ceja: «Sabiendo que el hombre no es
justificado por las obras de la ley, sino por la fe de Jesucristo,
nosotros también hemos creído en Jesucristo, para ser justi-
ficados por la fe de Cristo y no por las obras de la ley, por
cuanto por las obras de la ley nadie será justificado» (2:16).
«Cristo nos redimió de la maldición de la ley, hecho por nosotros maldición (porque está escrito: Maldito todo el que es
colgado en un madero)» (3:13).

Escrito en el fragor del momento, el texto es un manifiesto de la libertad cristiana. El llamado de Cristo a nuestras vidas es un llamado a la libertad. La libertad es la piedra
fundamental del cristianismo. ¿Se escandalizaría Pablo quizás
ante lo que sucede hoy en la iglesia norteamericana? ¿Merecerían la misma reprimenda los que están presos de viejas culpas,
inválidos por el temor, exhaustos a causa de su escrupulosidad,
amenazados por los legalistas y ansiosos por su salvación?
«Estoy maravillado de que tan pronto os hayáis alejado del

que os llamó por la gracia de Cristo, para seguir un evangelio diferente» (1:6).

Sin duda hemos oído que la libertad no es un pase de autorización a la lujuria. Quizás sea todo lo que hayamos oído... justamente lo que *no es*.

«Esta visión, con su verdad limitada, es defensiva y temerosa. Quienes la utilizan quieren por sobre todas las cosas advertirnos acerca de los peligros de pensar en la libertad, de desear la libertad. Dicha visión por lo general termina mostrándonos, o intentando mostrar, que la libertad consiste en seguir la ley, o en someterse a la autoridad, o en caminar por el sendero más pisado. Nuevamente, puede haber algo de verdad en estas conclusiones, pero falta el sentido del lado oscuro de la ley, de la autoridad y del sendero más pisado. Cada uno puede ser, y de hecho ha sido, utilizado como instrumento de tiranía y sufrimiento humano».[4]

¿Cómo se ve la libertad en el Espíritu? «El Señor es el Espíritu; y donde está el Espíritu del Señor, allí hay libertad» (2 Corintios 3:17).

La libertad en Cristo produce una saludable independencia de la presión de los demás, del deseo de agradar, de la esclavitud del respeto humano. La tiranía de la opinión pública puede manipular nuestras vidas: *¿Qué pensará el vecino? ¿Qué dirán mis amigos? ¿Qué pensará la gente?* Las expectativas de los demás pueden ejercer una presión sutil aunque continua en nuestra conducta.

Como el camaleón cambia de color según la estación, así el cristiano que quiere quedar bien con todos se adapta a cada nueva personalidad, a cada situación. Sin una imagen de sí misma, estable y duradera, una mujer quizás ofrezca aspectos diferentes de sí a diversos hombres: será pía con el pastor y seductora con el administrador en la oficina. Dependiendo de la compañía y las circunstancias, un hombre quizás sea un amable siervo de Dios o un vil y mal hablado tirano. La constancia de identidad está ausente en ambos sexos.

«Parece que fue ayer que comenzamos a salir del cascarón de nuestra identidad», escribe William Kilpatrick. «Hace sólo un momento comenzamos a experimentar con un amplio rango de posibilidades, de identidades, y de relaciones. Los movimientos del péndulo, sin embargo, son cada vez más rápidos en estos días...y el péndulo de la formación de la identidad ha dado un giro exagerado hacia la fluidez y la experimentación, alejándose de la continuidad y la fidelidad».[5]

En Cristo Jesús la liberación del miedo nos da el poder de abandonar el deseo de vernos bien, de ser aprobados y aceptados por todos, y entonces podemos andar libremente en el misterio de quiénes somos en verdad. La preocupación por parecer «un buen tipo», por impresionar a la gente con nuestra experiencia, por apoyarnos demasiado en la opinión de los demás, lleva a que nos trepemos al pegajoso pedestal de la conducta condicionada por todo ello, a la falta de libertad bajo el dominio de hierro del respeto humano. Inconscientemente, disfrazamos la oración del fariseo con la fórmula del publicano. La mayoría de nosotros requiere de mucho tiempo para que el Espíritu de la libertad nos lave de las sutiles urgencias por obtener la aprobación de los demás a causa de nuestra estudiada bondad. Se requiere un fuerte sentido de ser liberado para dejar pasar la oportunidad de impresionar favorablemente a quienes nos rodean.

Dar limosnas es una de estas oportunidades, y el aplauso que oigamos será la paga por nuestra generosidad. No es la virtud sino el propio ser quien nos vale la recompensa.

«¿Quién puede escapar a buscar hacer el bien para verse bueno, en un mundo en el que hasta las iglesias que adoran a Jesús dominan las técnicas de avergonzar a la gente para que dé a los pobres? ¿Cómo puede sobrevivir el dar con libertad—de forma ciega, como la imagen de la Justicia con su balanza—ante las listas impresas por el pastor, donde figuran los donantes, ante lo intrincado de los beneficios impositivos para quien da, ante los avisos y testimonios que nos sonsacan con las astutas presiones de la vergüenza o la culpa? Nuestros mecanismos de recaudación de fondos se apoyan en una apreciación de nuestros motivos que es tan clara como la de Jesús; van conectados a nuestros corazones como dispositivos biónicos y revelan una imagen un tanto mixta de nuestros impulsos por dar».[6]

El relato de la limosna de la viuda sugiere que los mejores regalos provienen de los corazones de las personas que no buscan impresionar a nadie, ni siquiera a sí mismos, y que han ganado la libertad precisamente porque han dejado de querer atrapar a la vida para que les recompense por el bien que hacen.

Viví un importante momento de entrada a la libertad de los hijos de Dios en mi primera reunión de AA. En el pasado, me habría importado mucho verme bien, y además habría estado pendiente de cómo me miraban los demás. Mi imagen de mí mismo como hombre de Dios y discípulo disciplinado debía protegerse a toda costa. Mis inseguridades hacían que mi sentido de la autoestima sufriera altibajos, como sube y baja un bote sobre las olas en el mar. Viví un momento supremo de liberación, cuando subí al estrado, pateé mi pedestal imaginario y dice sencillamente: «Mi nombre es Brennan, soy alcohólico».

Mi director espiritual me había dicho una vez: «Brennan, deja ya de verte y de hablar como un santo. Será más fácil para todos».

Vivir por gracia inspira una conciencia creciente de que soy lo que soy a los ojos de Jesús, y nada más que eso. Es su aprobación la que importa. Si hacemos de Jesús nuestro hogar, y Él hace el suyo en nosotros, llegaremos a escuchar con creatividad: «*¿Has pensado alguna vez que estoy orgulloso de que hayas aceptado el regalo de fe que te ofrecí? ¿Orgulloso porque me has elegido libremente, después de que yo te eligiera a ti, como tu amigo y Señor? ¿Orgulloso porque con todas tus verrugas y arrugas, aún no te has dado por vencido? ¿Orgulloso porque crees en mí lo suficiente como para intentarlo una y otra vez?» ¿Te das cuenta cuánto te aprecio por amarme? Quiero que sepas cuán agradecido estoy cuando te detienes a sonreírle a un niño que se ha perdido para consolarlo. Estoy agradecido por las horas que dedicas a aprender más acerca de mí; por las palabras de aliento que le ofreces a tu cansado pastor, por tu visita al que está encerrado, por tus lágrimas por el retardado. Lo que haces por ellos, lo hacer por mí. Oh, me entristece tanto cuando no crees que te he perdonado completamente, o cuando te sientes incómodo al acercarte a mí*».

La oración es otra área en la que muchos se sienten incómodos porque no conocen que en la libertad del Espíritu hay tantas maneras de orar como las hay de ser creyente y persona. La regla de oro en la oración es, como dijo Don Chapman: «Ora como puedas; no ores como no puedas».

Supongamos que le da usted a su hija de tres años un libro para colorear y una caja de lápices como regalo de cumpleaños. Al día siguiente, con la sonrisa orgullosa característica de los pequeños, ella le muestra sus primeras obras de arte: ha pintado el sol de color negro; el césped, púrpura; y el cielo, verde. En el margen inferior derecho ha agregado garabatos, y a la izquierda dibujó puntos y líneas de colores. Usted se maravilla ante sus trazos e intuye que su psiquis se está defendiendo desde su pequeñez cósmica ante un mundo grande y feo. Ya en la oficina, les muestra a sus compañeros la obra de su hijita, y comenta algo acerca de los inicios de Van Gogh como pintor.

Un niño pequeño no puede pintar mal; ni un hijo de Dios puede orar mal:

«Un padre se deleita cuando su pequeño deja sus juguetes y sus amigos para correr a sus brazos y darle un beso. Al abrazar a su pequeño, se preocupa por ver si el niño mira a su alrededor con atención, o cabecea sintiendo sueño. Esencialmente, el niño busca estar con su padre porque confía en el amor, el afecto y la seguridad que sus brazos le ofrecen. Nuestra oración es muy parecida a esto. Nos acurrucamos en los brazos del Padre, en sus manos amorosas. Nuestra mente, nuestros pensamientos, nuestra imaginación quizás vuelen de aquí para allá; quizás hasta nos quedemos dormidos; pero esencialmente elegimos la íntima relación con nuestro padre, entregándonos a Él para recibir su amor y atención, permitiéndole disfrutar de nosotros. Es una oración muy sencilla. Como de un niño. Es una oración que nos abre a todos los deleites del reino».[7]

La ternura de Jesús no se ve determinada por cómo oremos, o por lo que hagamos. Para ser libres, para que podamos sentir compasión por los demás, Jesús nos llama a aceptar su compasión en nuestras vidas, a ser gentiles, compasivos y a perdonarnos nuestros fracasos y necesidades.

La compasión por los demás no es una virtud simple porque evite juicios apresurados... bien o mal, bueno o malo, héroe o villano: esto busca la verdad en toda su complejidad. La verdadera compasión significa sentir empatía con los planes fallidos y los amores inciertos de la otra persona, y enviar la vibración: «Sí, andrajoso, te entiendo. También he estado allí».

Cuenta una historia que una dinámica mujer de negocios mostraba señales de estrés y tensión nerviosa. El médico le indicó unos tranquilizantes y le dijo que volviera a verlo en unas semanas más.

Al regresar, le preguntó si se sentía diferente. La mujer respondió: «No, en realidad me siento igual. Pero sí he observado que a los demás se les ve mucho más relajados».

Por lo general, vemos a las personas no como son ellos, sino como somos nosotros.[8]

En un sentido real, la persona es lo que ve. Y ver depende de nuestros ojos. Jesús utiliza la metáfora de los ojos más a menudo que la de la mente o la voluntad. El antiguo proverbio: «Los ojos son las ventanas del alma» contiene una verdad muy profunda. Nuestros ojos revelan si nuestra alma disfruta de espacio o si está apretujada, si es hospitalaria o crítica, compasiva o prejuiciada. El modo en que vemos a los demás es por lo general cómo nos vemos a nosotros mismos. Si hemos hecho las paces con nuestra imperfecta humanidad, aceptando nuestra identidad andrajosa, podremos tolerar en otros lo que antes no aceptábamos en nosotros mismos.

Una noche, un joven aparentemente muy consciente de sí mismo, llegó a la puerta para salir con nuestra hija Simone. Mientras esperábamos a que Simone terminara con sus abluciones, el joven entró en la sala, adoptó poses afectadas, murmuró trivialidades monosilábicas, se miró con disimulo en el espejo, bostezó y trató de mostrar un aire de seguridad. Yo me preguntaba: *¿Quién es este tipo?*

¿Es la encarnación narcisista del hombre pagado de sí mismo o la personificación del aislamiento y soledad de los jóvenes a quienes se les ha negado el acceso a su riqueza espiritual? Detrás de la máscara de las poses estudiadas y las vanidades menores ¿había alguien que buscaba la redención?

Juzgamos según lo que vemos, de acuerdo a cuán profundamente miramos al otro, conforme a con cuánta sinceridad nos enfrentamos a nosotros mismos, según lo dispuestos que estemos a leer la historia humana detrás del rostro asustado.

La amabilidad de Jesús con los pecadores provenía de su capacidad de leer sus corazones. Detrás de las poses más duras y los mecanismos de defensa más extraños, detrás de su arrogancia y sus aires, su silencio, sus burlas y sus razones, Jesús veía niños que no habían sido amados lo suficiente, y que habían dejado de crecer porque alguien había dejado de creer en ellos. Esta extraordinaria sensibilidad hacía que Jesús hablara de los fieles como de niños, sin importar cuán altos, ricos, inteligentes o exitosos fueran.

«Seguro de tu salvación por medio de la única gracia de nuestro Señor Jesucristo»: este es el palpitar del evangelio, la gozosa liberación del miedo al resultado final, un llamado a la autoaceptación, la liberación para vivir una vida de compasión hacia los demás.

Obviamente, no estamos tratando un tema evangélico trivial. El amor compasivo es el eje de la revolución moral cristiana y el único signo que dio Jesús mediante el cual podía reconocerse a un discípulo. «Un mandamiento nuevo os doy: Que os améis unos a otros; como yo os he amado, que también os améis unos a otros. En esto conocerán todos que sois mis discípulos, si tuviereis amor los unos con los otros» (Juan 13:34-35). El nuevo mandamiento estructura el nuevo pacto en la sangre de Jesús. Tan central es el precepto del amor fraternal que Pablo no duda en llamarlo el cumplimiento de la ley entera y de los dichos de los profetas (Romanos 13:8-10).

La exageración y la redundancia aquí no cuentan. No hay riesgo de exageración en el amor. El riesgo acecha en nuestros sutiles intentos por racionalizar nuestra moderación. Dar la otra mejilla, ir un poco más allá, no ofrecer resistencia ante la injuria, y perdonar setenta veces siete, todo esto no es un capricho del Hijo del Hombre. «Porque en Cristo Jesús ni la circuncisión vale algo, ni la incircuncisión, sino la fe que obra por el amor» (Gálatas 5:6).

«La razón exige moderación en el amor, como en todas las cosas», escribe John McKenzie, «pero la fe destruye la moderación aquí. La fe no tolera la moderación en el amor al prójimo, como tampoco la tolera en el amor entre Dios y el hombre».[9]

Una vez más, la amabilidad y el amor hacia nosotros mismos son el centro de nuestra amabilidad y amor hacia los demás. Cuando la compasión de Cristo es interiorizada y aceptada en el propio ser («La caña cascada no quebrará, y el pabilo que humea no apagará» [Mateo 12:20]), ocurre la integración de una actitud de compasión hacia los demás. En una situación extrema, la compasión nos trae sanidad hacia nosotros mismos y compasión para sanar a los demás. La solidaridad con los andrajosos libera al que recibe compasión y a quien la da, sabiendo conscientemente que «yo soy el otro».

Por cierto, el *amor firme* y la disciplina tienen su espacio en la familia cristiana. Si no se educa a los niños para que aprendan la diferencia entre el bien y el mal, pueden terminar siendo neuróticos. Sin embargo, sólo es correctiva y productiva la disciplina que se administra con amor. La disciplina que surge de la ira y la venganza divide a la familia y es contraproducente en la iglesia. Darle a un adolescente adicto el ultimátum: «Busca tratamiento, o vete», es quizás la respuesta más productiva y amorosa, siempre y cuando se mantenga una distinción entre la acción y el agente. Con gran sabiduría, William Shakespeare escribió: «A veces es necesario ser cruel para ser amable».

Alcohólicos Anónimos se fundó el 10 de junio de 1935, en Akron, Ohio. Los fundadores, Bill W. y el doctor Bob, dieron lugar al comienzo a un vigoroso debate sobre los requisitos de admisión. ¿Podía excluirse a ciertas personas por alguna razón, como lo hacen los clubes de campo? ¿Quién puede entrar y a quién se le debe impedir la admisión? ¿Quién decidiría si un alcohólico merecía entrar o sería rechazado? Algunos miembros del grupo inicial propusieron limitar la membresía a quien tuviera responsabilidad moral; otros decía que el único requisito era aceptar: «Pienso que soy alcohólico. Quiero dejar de beber».

Según los *Doce pasos y Doce tradiciones*, cuyo autor naturalmente permanece anónimo, el debate se resolvió de manera singular. En el calendario de AA, era el Año Dos. En ese momento, sólo había dos grupos de alcohólicos que luchaban por mantenerse a flote.

Un miembro nuevo apareció en uno de los grupos, golpeó a la puerta y pidió ser admitido. Habló sinceramente con los miembros más antiguos, y se estableció que era un caso desesperado. Sobre todo, quería recuperarse. «Debo decirles que además tengo una adicción peor que la del alcoholismo. Quizás no me quieran entre ustedes. ¿Me dejarán entrar en sus grupos o no?»

Aquí estaba el dilema. ¿Qué debía hacer el grupo? El miembro más antiguo llamó a otros dos, y en confidencia presentó los datos explosivos. Dijo: «Bien ¿qué hacemos? Si lo rechazamos, morirá pronto. Si le permitimos ingresar, sólo

Dios sabe qué tipo de problemas traerá. ¿Cuál es su respuesta? ¿Sí o no?»

Al principio los más antiguos del grupo sólo veían las objeciones. «Sólo tratamos con alcohólicos. ¿No podríamos sacrificar a este en beneficio de tantos otros?» Así continuó la conversación, con el destino de este hombre en juego.

Luego uno de los tres habló con un tono distinto. «De lo que realmente tenemos miedo es de perder nuestra reputación. Tenemos mucho más miedo a lo que podría decir la gente que a los problemas que podría traer este alcohólico. Mientras hablábamos, he tenido una pregunta dando vueltas en mi mente. Algo me repite: "¿Qué haría el Maestro?"».

Nadie dijo una palabra.

Volvamos por un momento a *Los hermanos Karamazov*, con su tremenda acusación contra la Iglesia Católica. En innumerables ocasiones ha pecado contra la libertad de los hijos de Dios, «pero para ser sinceros, la acusación no es sólo contra la Iglesia Católica. ¿O es que no se han quemado brujas y herejes en las iglesias de Calvino y Lutero también, acallándose a oponentes por medio de la violencia, en lugar de enfrentarlos con el amor? ¿Acaso todas las acusaciones contra la Iglesia Cristiana: falta de libertad, arbitrariedad, autoritarismo y totalitarismo, no existen bajo otras formas, más disimuladas, entre los cristianos de otras confesiones y más a menudo en las sectas pequeñas que en las iglesias grandes?»[10]

Nada de esto es decisivo. Lo decisivo es la libertad del evangelio de Jesucristo. El cimiento y la fuente de nuestra libertad no están en nosotros mismos, por naturaleza esclavos del pecado, *sino en la libertad* de su gracia que nos libera en Cristo por medio del Espíritu Santo. Somos libres de la esclavitud del pecado. ¿Por qué? ¡Por la Gracia salvadora del Dios viviente!

El Gran Inquisidor, un anciano con rostro arrugado y

ojos hundidos, finalmente concluye su acusación contra la
ingenuidad y el idealismo de Jesús.

«Cuando el Inquisidor terminó de hablar, esperó a
que su Prisionero le respondiera. Su silencio le pesaba.
Vio que el Prisionero le había escuchado con atención, mirándole con amor y evidentemente, sin querer
responder. El anciano quería que le dijera algo, por
amargo y terrible que pudiera ser. Sin embargo, Él se
acercó al anciano en silencio, y con suavidad le besó
los pálidos y arrugados labios. Esa fue su respuesta.
El anciano se estremeció. Sus labios temblaron. Fue
hacia la puerta, la abrió y le dijo: «Vete...»[11]

Y el beso resplandeció en el corazón del anciano.

Capítulo nueve

EL SEGVNDO LLAMADO

*M*ucha gente de entre treinta y sesenta años—sea cual fuere su posición en la comunidad, o su grado de éxito personal—pasa por lo que podría llamarse un segundo viaje.

Un hombre puede haber acumulado muchos dólares y honores, haber aparecido en las revistas como celebridad, y luego despertar una mañana preguntándose: «¿Vale la pena todo esto?» Maestros, enfermeras, clérigos, todos pueden llegar a la cima un día, para descubrir que el trabajo ya no les fascina más. No hay escalón más alto a dónde llegar. Se encuentran aterrados ante la posibilidad del estancamiento, y se preguntan: «¿Debiera cambiar de carrera? ¿Quizás deba volver a estudiar?».

El segundo viaje de Gail Sheehy comenzó a los treinta y cinco años, cuando estaba cubriendo una historia en Irlanda del Norte. Se hallaba junto a un joven, cuando una bala le voló el rostro al muchacho. En ese Domingo Sangriento de

Londonderry, Gail se enfrentó a la muerte con lo que ella llamó «la aritmética de la vida». Repentinamente, pensó: «No hay nadie junto a mí. Nadie me cuida. No hay uno que no me haya dejado sola». El Domingo Sangriento sacudió a Gail Sheehy y le echó encima una cantidad de dolorosas preguntas acerca de su propósito esencial y sus valores.

El segundo viaje no se iniciará necesariamente a causa de una bala. Una esposa de treinta y cinco años se entera de que su marido le es infiel. Un director de empresa, de cuarenta años, descubre repentinamente que hacer dinero es un absurdo. Un periodista de cuarenta y cinco años sufre un accidente automovilístico. Sin importar cómo suceda, estas personas se sienten confundidas y hasta perdidas. Ya no pueden mantener su vida en funcionamiento como antes. Se sienten arrastrados fuera de lo que hasta entonces eran los patrones que habían elegido y preferido, hallándose ante una crisis extraña. Este es su segundo viaje.[1]

La heroína de Anne Tyler en su novela ganadora del premio Pulitzer, *Breathing Lessons* [Lecciones para respirar], va con su marido por una ruta, atravesando el campo. Repentinamente, esta mujer de mediana edad grita: «Oh, Ira, ¿qué vamos a hacer con el resto de nuestras vidas?» Esta es la pregunta del segundo viaje.

El segundo viaje por lo general termina tranquilamente, con nueva sabiduría y con un nuevo sentido del propio ser que libera gran poder. La sabiduría es la del adulto que ha ganado equilibrio, estabilidad, un nuevo propósito y nuevos sueños. Es la sabiduría que deja de lado ciertas cosas, que hace que algunas cosas mueran y que acepta las limitaciones humanas. Una sabiduría que dice: *«No puedo esperar que nadie me entienda totalmente»*. Es una sabiduría que admite lo inevitable de la vejez y la muerte. Es una sabiduría que ha enfrentado el dolor causado por padres, cónyuges,

familiares, amigos, colegas, compañeros de trabajo, y que les
ha perdonado de veras, reconociendo con inesperada compasión que estas personas no son ni ángeles ni demonios, sino
simplemente humanos.

El segundo viaje comienza cuando sabemos que no podemos vivir la tarde de la vida según el programa de la mañana. Sabemos que tenemos sólo cierta cantidad de tiempo
para cumplir lo que es realmente importante... y ese despertar nos ilumina indicándonos lo que realmente importa.
Esta convicción nos da un nuevo centro. Compartimos la de-
terminación de John Henry Newman, que al terminar su segundo viaje regresa a casa pensando: «Tengo un trabajo por
hacer en Inglaterra».[2]

Para el cristiano, este segundo viaje suele darse entre los
treinta y los sesenta años, y a menudo va acompañado de un
segundo llamado del Señor Jesús. El segundo llamado nos invita a reflexionar seriamente sobre la naturaleza y calidad de
nuestra fe en el evangelio de la gracia, nuestra esperanza en lo
que está por venir, y nuestro amor por Dios y las personas. El
segundo llamado es una convocatoria a un compromiso de fe
más profundo y maduro en el que la ingenuidad, el idealismo
de la mañana y el primer compromiso han madurado con el
dolor, el rechazo, el fracaso, la soledad y el conocimiento de
nosotros mismos.

El llamado pregunta: *¿Realmente aceptas el mensaje de
que Dios está enamorado locamente de ti?* Creo que esta pregunta está en el corazón de nuestra capacidad de madurar y
crecer espiritualmente. Si en nuestros corazones no creemos
que Dios nos ama tal cual somos, si todavía seguimos perseguidos por la mentira de que podemos hacer algo para que
Dios nos ame más, estamos rechazando el mensaje de la cruz.

¿Qué es lo que se interpone en nuestro camino a aceptar

el segundo llamado? Puedo ver tres obstáculos: una crisis de
fe, de esperanza y de amor. Permítame explicarlo:

Imagine que Jesús le llama hoy. Está extendiendo una
segunda invitación a aceptar el amor de su Padre. Y quizás
usted responda:

«Oh, ya lo sé. Conozco ese viejo sombrero. He llegado
a este libro buscando comprender, en un ataque de fervor.
No estoy ansioso ni vulnerable. Oiré lo que digas, así que
vamos, sorpréndeme. Dame una nueva palabra. Ya conozco
la anterior».

Y Dios responde entonces: *«Esto es lo que no sabes. No
sabes cuánto te amo. Cuando crees que entiendes, entonces no
estás entendiendo. Yo soy Dios, y no hombre. Les hablas a otros
de mí... que soy un Dios de amor. Tus palabras son fútiles.
Mis palabras están escritas en la sangre de mi único Hijo. La
próxima vez que prediques acerca de mi amor con tal ridícula
familiaridad, quizás venga yo e interrumpa tu reunión de oración. Cuando te acercas a mí con estudiado profesionalismo,
te expondré, como aficionado que eres. Cuando intentes con-
vencer a otros de que entiendes de qué estás hablando, te diré
que te calles y caigas de cara al suelo. Dices saber que te amo:*

*»¿Sabías que cada vez que me dices que me amas, yo te lo
agradezco?*

*»Cuando tu hijo viene a preguntarte: "¿Te gusta más Susan
que yo porque ella patina mejor y es mujer?", ¿te sientes triste y
apenado por la falta de confianza de tu hijo? ¿Sabes que haces
lo mismo conmigo?*

*»¿Afirmas saber lo que hemos compartido cuando Jesús se
retiró a un lugar desierto o pasó la noche en una colina a solas
conmigo? ¿Sabes de dónde vino la inspiración para lavar los
pies de los doce? ¿Comprendes que, motivado únicamente por
el amor, tu Dios se hizo tu esclavo en el Aposento Alto?*

»¿Te apenó el mandamiento divino a Abraham para que

matara a su único hijo Isaac en el Monte Moriah? ¿Sentiste alivio cuando intervino el ángel, deteniendo la mano de Abraham, e impidiendo el sacrificio? ¿Has olvidado que el Viernes Santo no intervino ángel alguno? Ese sacrificio no se impidió, y fue mi corazón el que se sufrió de pena.

»¿Sabes que tuve que resucitar a Jesús de entre los muertos la mañana del domingo de Pascua, porque mi amor es eterno? ¿Confías serenamente que también te resucitaré a ti, mi hijo adoptado?»

La fe significa querer a Dios y desear ya no querer nada más.

Cuando el amor de Dios se da por sentado, le dibujamos en un rincón y le robamos la oportunidad de amarnos de manera NUEVA Y SORPRENDENTE, y la fe comienza a encogerse. Cuando estoy tan avanzado espiritualmente que Abba es ya un sombrero viejo, entonces el Padre ya se ha tenido, Jesús ha sido domesticado, el Espíritu se ve encerrado, y el fuego de Pentecostés se ha apagado. La fe evangélica es la antítesis de la tibieza. Significa siempre una profunda insatisfacción con nuestro estado presente.

En la fe hay movimiento y desarrollo. Cada día hay algo nuevo. Para ser cristiano, *la fe debe ser nueva*, es decir: viva y en crecimiento. No puede ser estática, completada, cerrada. Cuando las Escrituras, la oración, la adoración o el ministerio se vuelven rutina, están muertos. Cuando llego a la conclusión de que ya puedo enfrentar el enorme amor de Dios, estoy caminando por la orilla, en lugar de ir hacia lo profundo. Antes bien podría intentar contener las cataratas del Niágara en una taza, que afirmar que puedo comprender el incontenible, infinito amor de Dios.

Si vamos a criticar nuestra fe, que sea por los motivos correctos. No porque somos demasiado emocionales, sino porque no somos lo suficientemente emocionales; no porque nuestras pasiones son tan poderosas, sino porque son tan enclenques; no porque somos demasiado afectuosos, sino porque carecemos de un afecto profundo, apasionado, inamovible por Jesucristo.

Hace varios años hice un retiro de silencio de treinta días en las colinas nevadas de Pennsylvania. Durante ese mes, una palabra resonó en mi corazón todo el tiempo. Jesús no dijo esto en el Calvario, aunque podría haberlo hecho, pero lo dice ahora: «Estoy muriendo para estar contigo. *En verdad estoy muriendo para estar contigo*». Fue como si Él me estuviera llamando por segunda vez. Supe que lo que yo creía saber ya no era nada. Apenas había echado un vistazo, jamás había soñado lo que podría ser su amor. El Señor me llevó a las profundidades en la soledad, en busca no de lenguas, sanidad ni profecía, o de una buena experiencia religiosa cada vez que oraba, sino hacia la comprensión y la gesta por la Presencia pura y apasionada.

El segundo llamado nos acerca a una fe más profunda. Debemos preguntarnos: *¿Realmente creo en la Buena Nueva de Jesucristo? ¿Oigo las Palabras que Él le habla a mi corazón: «Shalom, la paz sea contigo, te comprendo»?* ¿Y cuál es mi respuesta a su segundo llamado, susurrándome: «Tienes mi amor. No tienes que pagar por él. No lo ganaste y no puedes merecerlo. Sólo tienes que disponerte a recibirlo. Sólo tienes que decirle sí a mi amor... un amor que sobrepasa lo que puedas imaginar o intelectualizar»?

El segundo obstáculo que veo, íntimamente relacionado con una crisis de fe, es la crisis de la esperanza. En Mateo 22, Jesús describe el Reino de Dios como un banquete de bodas. ¿Realmente creemos que vamos a un banquete de bodas que ya ha comenzado? ¿Somos optimistas acerca de lo que nos sucederá en este mundo, o somos temerosos y pesimistas? ¿Celebramos nuestra unión con el Esposo?

Una noche del verano pasado, estaba de vacaciones en las orillas del Jersey. Salí a caminar cerca del lago artificial de Belmar. Del otro lado del lago había un salón de fiestas llamado Barclay, donde se realizaban fiestas, convenciones, recepciones de bodas, etc. Había más de cien personas en fila junto a la puerta de entrada. Venían de una boda en la Iglesia St. Rose, y estaban entrando a la recepción. Ya había comenzado. Podían oír la música y las risas, el baile y el ruido de la gente reunida festejando. ¡Cómo se veían los que esperaban entrar! Estaban impacientes, seguros de sus asientos reservados. No podían esperar ya. Se venían ansiosos de entrar en la fiesta de celebración.

Sin embargo, la mayoría de nosotros se halla del lado de afuera de la puerta al banquete, oyendo la alegría y la fiesta que hay dentro, esperando a medias que sí haya un banquete allí, y que sea una celebración según la naturaleza del mundo. Nos gustaría entrar y celebrar, pero ¡oh! ¿Qué pasará si algo está mal? ¿Qué sucederá si no hay un banquete en realidad? ¿Qué, si después de todo, es una trampa?

¿Por qué es que muchos de nosotros no entramos ya mismo? Porque sabemos que dentro no hay banquete perfecto, por el simple hecho de que todavía vivimos entre la cruz y la resurrección. El cristianismo no niega la realidad del sufrimiento y el mal. Recuerde cuando Jesús volvió del monte de la Transfiguración. Les dijo a sus discípulos que iba a Jerusalén, que sería ejecutado y que triunfaría sobre la muerte. Jesús no tenía ninguna confianza en que se evitaría el sufrimiento. Sabía que el sufrimiento era necesario. En lo que sí confiaba era en la reivindicación. Nuestra esperanza, nuestra aceptación de la invitación al banquete, no se basa en la idea de que ya no tendremos que sufrir pena o dolor. Se basa, en cambio, en la convicción de que triunfaremos por sobre el sufrimiento.

¿Cree usted que vivirá? Porque ese es el sentido de la esperanza cristiana. No es un optimismo poco confiable. No es algo que se rinda ante la desilusión, la derrota o la frustración. Por el contrario, la esperanza cristiana es firme y serena, confiada aun frente a la cámara de gas, aun frente al cáncer terminal. Por muy serio que creamos que es el Viernes Santo, confiamos en que luego llega el Domingo de Pascuas. ¿Y qué importa si morimos? Jesús murió también, y si Jesús murió y creemos que ahora Él vive, nosotros también viviremos.

¿O es que no lo creemos? Muchos laicos me han señalado que oyen todo tipo de prédicas de parte de los sacerdotes y ministros de hoy, pero poco acerca de la proclamación de la Buena Nueva del reino. Hablan de racismo, contaminación, guerra, aborto, ecología y miles de otros problemas de moralidad. No se impide la proclamación de ninguno de estos temas, pero tampoco hay siquiera uno que pueda sustituir la invitación al banquete. ¿Es que dudamos en comprometernos con el rol de heraldo escatológico porque ya no estamos tan seguros de creer en ese rol... otra manera de decir que jamás creímos de veras en él? Quizás creemos que este rol no es importante, que la gente no tomaría en serio al heraldo escatológico. Para ser realmente un discípulo de Jesús, hay que estar comprometido con el mensaje del reino, como lo estaba Él, y predicarlo tanto si el público nos presta atención como si no lo hace.

Este es el desafío inherente al Nuevo Testamento. Si vamos a creer en Jesús, si vamos a tomar en serio su mensaje, si Dios verdaderamente ha intervenido con amorosa y salvadora misericordia, entonces el mensaje es muy importante, y la emisión de invitaciones al banquete de bodas es de suma relevancia. Aquí, sin embargo, no es fundamental lo que el mundo piense con respecto a la importancia del mensaje. El tema es si es verdad o no. Y esto sólo puede decidirse mediante el compromiso. Uno no puede ser discípulo si no se compromete, y si hay hoy discípulos que dudan es porque aún no han tomado la decisión de comprometerse seriamente.

Esto es lo que significa en la actualidad el segundo llamado de Jesús. Un llamado a un paso nuevo y más radical hacia la esperanza, a un compromiso existencial con la Buena Nueva del banquete de bodas.

Si creemos en el emocionante mensaje de Jesús, si tenemos esperanza en la reivindicación, debemos amar y aun más, debemos correr el riesgo de ser amados. El amor es el tercer obstáculo en nuestra aceptación del segundo llamado.

La idea de que Dios es amor por cierto no es nueva con la llegada de Jesús. En realidad, probablemente ni siquiera fuera exclusiva a la tradición judeocristiana. Otros hombres, en otros momentos y en otras partes del mundo, han pensado, esperado o deseado que el Dios REAL y viviente les amara. Sin embargo, Jesús agregó una nota de confianza. No dijo que quizás Dios fuera amor, o que sería lindo si Dios fuera amor. Dijo: DIOS ES AMOR. *Punto.* Pero hay más en el mensaje de Jesús. Insistió en que su Padre está loco de amor, que Dios es un Dios amoroso que no puede estar sin nosotros. La parábola que presenta esta verdad con evidencia es la del hijo pródigo, la parábola del Padre amoroso.

El énfasis no está puesto en el pecado del hijo, sino en la generosidad del Padre. Debiéramos releer esta parábola periódicamente, únicamente para percibir el momento del primer encuentro. El hijo había ensayado su discurso con cuidado. Era una afirmación elegante y pulida que expresaba pena. Pero el padre no le permitió terminar de hablar. Apenas había llegado el hijo, repentinamente, una nueva y fina capa le había sido echada sobre los hombros. Oye música, el ternero engordado es llevado a la cocina, y ni siquiera tiene oportunidad de decirle a su padre: «Lo siento».

Dios nos quiere de regreso aun más de lo que podríamos quererlo nosotros. No necesitamos detallar nuestra pena. Lo único que tenemos que hacer, dice la parábola, es aparecer y antes de que tengamos la oportunidad de volver a irnos, el padre nos toma y nos sienta a la mesa del banquete, para que ya no podamos escapar.

Hay un fascinante pasaje en el capítulo 8 del Evangelio de Juan, referente a la mujer atrapada pecando. Recuerde cómo la multitud la arrastró ante Jesús y preguntó: «¿Qué hacemos con ella? La atrapamos en su adulterio. Moisés dice que debemos apedrearla, pero los romanos no nos permiten hacerlo. ¿Qué piensas?»

Jesús los ignora y comienza a escribir en la arena. Luego alza la vista y dice: «Bien, entonces que quien esté libre de pecado tire la primera piedra». Uno por uno, los de la multitud se retiran. Entonces Jesús le dice a la mujer: «¿No hay nadie aquí que te condene?»

Ella responde: «Nadie, Señor».

Él dice entonces: «Bien, ve, y no vuelvas a cometer este pecado».

¿Capta el asunto? Jesús no le pregunta si ella está apenada. No le exige el firme propósito de enmendarse. No parece preocuparse porque ella vuelva corriendo a los brazos de su amante. Allí estaba ella, y Jesús le da la absolución antes de que la mujer se lo pida.

La naturaleza del amor de Dios por nosotros es así de apasionada. ¿Por qué no demuestra este Dios nuestro algo de gusto y discreción en su trato hacia nosotros? ¿Por qué no es más mesurado? Seamos llanos: ¿No podría Dios mostrar un poco más de dignidad? ¡Vaya!

Ahora, si nosotros estuviéramos en su posición, sabemos perfectamente cómo comportarnos. El hijo pródigo habría recitado su discurso hasta el final. Y cuando hubiera terminado, le habríamos dicho: «Bien, hijo pródigo, ve y yo pensaré en esto durante un par de semanas. Luego te informaré por correo si decido dejarte volver a la granja».

No creo que nadie que lea esto habría aprobado apedrear a la mujer adúltera, pero sí podríamos habernos asegurado de que presentara un acto de contrición y su firme propósito de enmendar su conducta. Porque si la dejamos ir sin que diga que lo lamenta, ¿acaso no volverá a cometer adulterio antes del atardecer?

No, el amor de nuestro Dios no es nada presuntuoso, y aparentemente, este es también el modo que Él espera de nosotros. No sólo nos pide que aceptemos su amor inexplicable, casi vergonzoso, sino que además espera que nos comportemos del mismo modo con los demás. Supongo que yo podría vivir con un Dios cuyo amor por nosotros nos avergonzara, pero pensar en que tengo que actuar de la misma manera con los demás... bueno, es como demasiado.

Quizás el lugar donde sea más simple—aunque no más fácil—empezar sea conmigo mismo. Carl Jung, el gran psiquiatra, dijo una vez que todos conocemos las palabras de Jesús: «Lo que hagan por el menor de mis hermanos, por mí lo hacen». Luego Jung nos pregunta: «¿Qué pasaría si descubriera que el menor de los hermanos de Jesús, el que más necesita de nuestro amor, el que más se ayudaría con nuestro amor, el que más importancia le dará a nuestro amor... qué pasaría si descubriera usted que este menor de los hermanos de Jesús... es *usted*?»

Haga entonces por usted mismo lo que haría por los demás. Y este saludable amor por uno mismo que Jesús mencionó al decir: «Ama a tu prójimo como a ti mismo», podría comenzar con el simple reconocimiento: *¿Cuál es la historia de mi sacerdocio? ¡Es la de una persona infiel a través de la cual Dios continúa su obra!* Esto nos da no sólo consuelo, sino también libertad, especialmente para quienes estamos atrapados en la opresión de pensar que Dios sólo puede obrar por medio de los santos. ¡Qué palabra de sanidad, perdón y consuelo es para muchos cristianos que hemos descubierto que somos vasijas que cumplen la profecía de Jesús: «De cierto te digo que tú, hoy, en esta noche, antes que el gallo haya cantado dos veces, me negarás tres veces»!

Y el Señor ahora me llama por segunda vez, afirmándome, permitiéndome, alentándome, desafiándome a ir más allá en la fe, la esperanza y el amor en el poder de Su Espíritu santo. Ignorante, débil y pecador como soy, buscando justificar intelectualmente mi conducta pecaminosa, se me dice de nuevo con el inconfundible lenguaje del amor: «Estoy contigo. Estoy a tu favor. Estoy en ti. Espero más fracaso de ti que lo que tú mismo esperas».

Hay una barrera para el amor que merece especial mención, porque es muy importante en este segundo llamado de Jesucristo: el miedo. La mayoría de nosotros pasamos mucho tiempo postergando cosas que debiéramos estar haciendo, que quisiéramos hacer o que queremos hacer... pero que tememos hacer. Tememos al fracaso. No nos gusta, queremos evitarlo porque tenemos un fuerte deseo de ser aceptados por los demás. Así que, encontramos mil brillantes excusas para no hacer nada. Postergamos las cosas, desperdiciamos la energía de la vida y el amor que hay en nosotros. Y el juicio del Alto Verdugo en *Mikado*, para la joven que continuamente andaba con dilaciones, recae en nosotros: «Jamás se notará su ausencia; no, nunca será echada de menos».

Cada uno de nosotros pagamos un alto precio por nuestro miedo al fracaso. Nos asegura la estrechez creciente de nuestra personalidad, e impide que exploremos e investiguemos. A medida que crecemos y envejecemos sólo hacemos aquello que sabemos hacer bien. No hay crecimiento en Cristo Jesús sin dificultad o error. Si vamos a seguir creciendo, debemos seguir arriesgándonos a fracasar, toda la vida. Cuando Max Planck recibió el premio Nobel por su descubrimiento de la teoría cuántica, dijo: «Miren hacia atrás, el largo e intrincado camino que finalmente nos llevó al descubrimiento; recuerdo vívidamente el dicho de Goethe acerca de que el hombre siempre se equivocará en tanto luche por conseguir algo».

A pesar de que el cristianismo habla de la cruz, la redención y el pecado, no estamos dispuestos a aceptar el fracaso en nuestra vida. ¿Por qué? En parte, porque es el mecanismo de defensa de la naturaleza humana, en contra de nuestra propia ineptitud. Pero aun más, es porque la imagen del éxito es lo que nuestra cultura nos exige. Hay problemas reales en la proyección de la imagen perfecta. Primero, simplemente no es verdad... no estamos siempre felices, optimistas y en control de todo. Segundo, el proyectar una imagen impoluta nos impide llegar a la gente que pensamos que no podremos llegar a entender. Y tercero, aun si llegáramos a conseguir vivir sin conflictos, sufrimientos o errores, tendríamos una existencia simple. El cristiano con profundidad es quien ha fracasado y ha aprendido a vivir con su error.

El peor fracaso tal vez sea la procrastinación, o sea, dejar las cosas para después. Los que creemos en Jesús y tenemos esperanza en la reivindicación, los que proclamamos el amor del Padre celestial, desperdiciamos nuestro tiempo intentando evitar las cosas más importantes. ¿Cuánta fe, cuánta esperanza, cuánto amor tiene el que perpetuamente está evitando el fracaso?[3]

A medida que andamos por la vida, si adquirimos un conocimiento de nosotros mismos, una sincera comprensión de nuestra propia personalidad, llegamos a conocer bien nuestras debilidades. Sabemos que evadiremos la responsabilidad de la fe, la esperanza y el amor que Jesús ofrece, y de qué modo lo haremos. Pero si somos sinceros, sabemos que no podemos encontrar chivos expiatorios, echándoles la culpa a otros. Sabemos que cuando llegue el momento de rendir cuentas, seremos acusados o elogiados, no por lo que haya hecho el Papa, o el obispo, o el pastor (a menos que el pastor sea usted). Todos seremos culpados o elogiados de acuerdo a si hemos aceptado la invitación a creer en el mensaje.

En el análisis final, el verdadero desafío del crecimiento cristiano es el de la responsabilidad personal. El Espíritu de Jesús llama una segunda vez: *¿Vas a hacerte cargo de tu vida hoy? ¿Te harás responsable de lo que hagas? ¿Vas a creer?*

Quizás estamos todos en la posición del hombre en la historia de Morton Kelsey, que llegó al borde de un abismo. Parado allí, se preguntó qué hacer, y se sorprendió al descubrir que había un cable para equilibristas, tendido por encima del abismo. Muy despacio, se acercaba un acróbata por el cable, empujando una carretilla donde iba otro equilibrista. Cuando llegaron finalmente a tierra firme, el acróbata sonrió ante la sorpresa del hombre: «¿No crees que puedo hacerlo nuevamente?», preguntó.

El hombre respondió: «Sí, claro, sí creo que puedas».

El acróbata repitió la pregunta, y cuando recibió la misma respuesta, señaló la carretilla y dijo: «¡Bueno! Súbete y te llevaré al otro lado».

¿Qué hizo el viajero? Esta es la pregunta que debemos hacernos acerca de Jesucristo. ¿Afirmamos nuestra creencia en Él con certeza, hasta recitando credos cuidadosamente redactados, y luego nos negamos a subir a la carretilla? Lo que hacemos con respecto al señorío de Jesús dice más de lo que pensamos acerca de nuestra fe. Esto es lo que el mundo quiere de nuestra retórica, lo que el hombre de Dios busca en los pastores: el coraje para ser diferente, la humildad para aceptar que cometemos errores, la pasión para quemarnos en el fuego del amor, la honestidad de dejar que otros vean lo incapaces y limitados que somos.

Permitamos que de nuestros corazones surja la oración de Nikos Kazantzakis, con el sumo grado Del conocimiento del amor:

Soy un arco en tus manos, Señor.
Ténsame, para que no me enmohezca.
No me estires demasiado, Señor, porque me romperé
Estírame demasiado, Señor, porque ¡qué importa si
    me rompo![4]

Capítulo diez

RENOVEAR EN VICTORIA

El gozoso tumulto del Templo del Monte Sión resonaba en el barrio: «¡Amén, hermano! ¡Predícalo! ¡Cuenta lo que ha sucedido!» El Reverendo Moisés Mowinkle estaba bajo la unción. Su melodiosa voz de barítono se elevaba al cielo, en medio, como el balido de un cordero que finalmente se diluye en el silencio. Al terminar su sermón, doscientos miembros de la congregación irrumpieron en alabanzas, danzas, llanto y gozo irreprimible. El servicio de tres horas terminó a mediodía, y la comunidad de fe salió a la calle. Todos vivían en la calle Lemmon, el *ghetto* de la gente de color.

Corría el año 1938, y la ciudad era Baltimore. El racismo se hallaba firmemente arraigado en la ciudad. A los negros se les consideraba inferiores, una raza separada. Se les toleraba en tanto mantuvieran «su lugar» y no intentaran mezclarse con los blancos. La superioridad de la raza blanca era universalmente reconocida, al igual que la inferioridad de los negros, como se llamaba despectivamente a la gente de color. Si algún

negro soñaba con aventurarse a entrar en un negocio elegante
de la parte blanca, no podría probarse las prendas antes de
comprarlas. Después de todo quizás un cliente blanco entrara
más tarde y quisiera probarse la misma ropa.

Los negros vivían en casas viejas, en un sector muy feo de
la ciudad: las ventanas del segundo piso ofrecían una hermosa
vista del basural de los blancos. En su mayoría, la comunidad
del Templo del Monte Sión no se mezclaba con la población
de raza blanca.

Al mismo tiempo, había un enfurecido debate teológico:
¿Cómo podría Dios haber permitido que el negro Joe Louis
fuera el campeón mundial de boxeo en la categoría de peso
pesado? ¿Estaba Dios castigando con venganza a los blancos
por algún pecado del que no se habían arrepentido? ¿Era simplemente una broma de una deidad caprichosa? ¿O quizás,
como dijera Woody Allen años más tarde:

«Si es cierto que Dios existe, creo que no es malo. Creo
que lo peor que puedes decir es que sencillamente no logra los
objetivos».[1]

¿Podría ser que no existiera tal Dios?

La fe había vuelto en 1936 cuando la gran Esperanza
Blanca de la Alemania Nazi, Max Schmeling, golpeó a Louis
sin misericordia durante once asaltos, para terminar con un
«fuera de combate» en el asalto número doce. El honor de
Dios había sido reivindicado, y la supremacía blanca estaba
nuevamente en lo alto.

Se programó otra pelea entre el Brown Bomber de Detroit
y la Esperanza Blanca de Munich, para el verano de 1938. Las
expectativas caucásicas en Baltimore subieron a su más alto
nivel. Era el Armagedón, los poderes de las tinieblas contra el
poder de la luz.

En su autobiografía ganadora del premio Pulitzer,
Growing Up [Creciendo], Russell Baker escribe:

Finalmente, llegó la noche de la batalla entre titanes, y me acomodé junto a mi radio para escuchar los acontecimientos que darían un giro a la historia de la era moderna...

Al sonar la campana, Louis dejó su rincón, evaluó a Schmeling como un carnicero mira a una res desde todos los ángulos, y le dio un golpe que lo dejó sin sentido, a los dos minutos con nueve segundos. Paralizado por este repentino y brutal ataque, el representante de la raza blanca estaba en el anticlímax.

Desde la calle Lemmon oía los habituales gritos de victoria. Fui a la ventana de la cocina.

La gente salía al callejón, palmeándose los hombros unos a otros, rugiendo con emoción. Entonces ví que alguien avanzaba por el callejón, hacia el territorio blanco, y el resto del grupo parecía impulsado por un instinto a desafiar al destino, siguiéndolo en masa...

Allí estaban, marchando hacia el centro de la Calle Lombarde, como si fuera de ellos...

Joe Louis les había dado el coraje para afirmar su derecho a utilizar una plaza pública, y no había un solo blanco que pudiera disputárselos. Fue la primera demostración de derechos civiles que yo veía, totalmente espontánea, encendida por la fuerza con que Joe Louis había destruido la teoría de la supremacía blanca. La marcha duró quizás unos cinco minutos, el tiempo que le tomó a la comunidad moverse a lo largo de la calle. Luego, dieron vuelta a la esquina y volvieron a los callejones, sintiéndose—creo yo—mejor que nunca en su vida.[2]

¿Le suena esto como la vida victoriosa en Cristo? ¡No! Esta es una de las muchas facetas de renquear en victoria.

Cincuenta años después de este combate de Louis, aún hay lugares en Norteamérica donde no es lindo ser negro. Hoy, una de cada cinco personas en los Estados Unidos irá a dormir con hambre. Hay treinta millones de personas desnutridas. Muchos son cristianos comprometidos. ¿Es esto una vida en victoria?

Cuando nuestro sistema social condenó a los negros a la parte trasera del autobús, obligándoles a estudiar en tugurios y a trabajar limpiando baños, cuando les prohibió caminar por nuestras veredas y sentarse en nuestros bancos en la iglesia, cuando les prohibió la entrada a hoteles, restaurantes, cines y baños públicos, ¿era esa una vida en victoria?

La mayoría de las descripciones de la vida en victoria no se parecen a la realidad de mi propia vida. Las hipérboles, la retórica inflada, los testimonios grandilocuentes, todo esto crea una impresión de que una vez que reconocemos a Jesús como nuestro Señor, la vida cristiana se vuelve un picnic en primavera... el matrimonio mágicamente es dicha, la salud física florece, desaparece el acné y la carrera profesional repentinamente toma vuelo. La vida en victoria se proclama como si todos fuéramos ganadores. Una joven atractiva de veintiún años acepta a Jesús y es elegida Miss América; el abogado mediocre deja de ser alcohólico y vence a F. Lee Bailey en la corte; los *Green Bay Packers* llegan a la acariciar la Copa del fútbol americano. Ocurren milagros, abundan las conversiones, las iglesias se llenan, las relaciones rotas se componen, la gente tímida se vuelve sociable y los Bravos de Atlanta ganan la Serie Mundial. Las descripciones idílicas de la victoria en Jesús a menudo están coloreadas por expectativas culturales y personales, y no de acuerdo a Cristo y su evangelio andrajoso.

El Nuevo Testamento pinta otra imagen de la vida en

victoria...Jesús en el Calvario. La imagen bíblica de la vida victoriosa se ve más bien como una renquera en victoria. Jesús obtuvo la victoria, no porque jamás cuestionara, respondiera o se mantuviera al margen, sino porque al hacer todo esto, lo que le caracterizó fue la fidelidad.

Lo que hace a los auténticos discípulos no son las visiones, el éxtasis, el dominio de los versículos y capítulos o el éxito espectacular en el ministerio, sino la capacidad de mantenerse fieles. Golpeados por los vientos del fracaso, arrastrados por sus emociones, lastimados por el rechazo y el ridículo, los auténticos discípulos quizás hayan tropezado con frecuencia y aun caído, soportando retrocesos, ataduras y desvíos en la ruta. Sin embargo, siempre han vuelto a Jesús.

Después que la vida ha dibujado unas cuantas líneas en sus rostros, los seguidores de Jesús llegan a tener un sentido coherente de sí mismos por primera vez. Cuando con modestia afirman: «Sigo siendo andrajoso, pero soy diferente», están en lo cierto. Donde abundó el pecado, sobreabundó la gracia.

El retrato de Pedro, la roca que demostró ser un pilar de arena, le habla a cada andrajoso a lo largo de la historia. Lloyd Ogilvie observa:

> Pedro construyó su relación con Jesucristo sobre su supuesta capacidad de ser adecuado. Por esto le dolió tanto su negación del Señor. Su fuerza, lealtad y fidelidad eran su patrimonio de discipulado, generados por Pedro mismo. En la mente de Pedro, la falacia era que creía que su relación dependía de su coherencia y constancia al producir cualidades que él creía le ganarían la aprobación del Señor.
>
> Muchos entre nosotros tenemos este problema. Proyectamos en el Señor nuestros parámetros de

aceptación. Todo nuestro entendimiento de Él se basa en el *quid prod quo* del trueque de amor. Él nos amará si somos buenos, de buen carácter moral y diligentes. Pero hemos pateado el tablero; intentamos vivir de modo tal que Él nos ame, en lugar de vivir porque Él ya nos ha amado desde el principio.[3]

Durante la cena de su amor, Jesús se volvió y le dijo a Pedro:

«De cierto te digo que esta noche, antes que el gallo cante, me negarás tres veces». ¿Recuerda usted la hueca afirmación de Pedro?

«Aunque me sea necesario morir contigo, no te negaré». Rebosando de confianza, Pedro se apoyaba en sus propios recursos. Sin embargo, estas palabras son hoy una canción de alabanza a Pedro. Su restauración por gracia fue una recreación tan grande que sus palabras ya no son una hueca afirmación sino la profecía de la verdad de Dios, inamovible y firme. Porque Pedro dice que morirá antes de traicionar a su Maestro, y para siempre recordará su falta de fidelidad como el momento del triunfo de la gracia y el amor de Cristo.

Una historia: El virtuoso violinista Pinchas Zukerman estaba dando una clase magistral a un grupo de jóvenes artistas que asistían al Festival de Música en Aspen. Venían de todo el mundo y el auditorio estaba lleno de jóvenes, de distinguidos maestros y concertistas. La atmósfera estaba cargada de electricidad. A cada uno de los talentosos concertistas, Zukerman le ofrecía aliento y consejo, hablando en detalle de su interpretación e invariablemente tomando su violín para mostrarle algún punto técnico que mejorara su rendimiento.

Finalmente, le llegó el turno a un joven músico que tocó su instrumento con maestría. Cuando se acallaron los aplausos, Zukerman felicitó al artista, luego tomó su propio violín, lo acarició, lo acomodó bajo su barbilla, hizo una pausa y sin decir nada, sin tocar una sola nota, lo volvió a guardar con afecto en su estuche. Una vez más, la sala irrumpió en calurosos aplausos, ensordecedores esta vez, reconociendo al maestro que podía honrar de tal manera a otro artista.[4]

Luego de haber negado a Jesús tres veces, ¿qué futuro le habría esperado a Pedro si él hubiera dependido de mi paciencia, de mi comprensión y compasión? En lugar de palmearle el hombro, darle una bofetada o insultarle, Jesús respondió con el más grande cumplido, lleno de gracia. Nombró a Pedro como líder de la comunidad de fe, y le confió la autoridad de predicar la Buena Nueva en el poder del Espíritu.

La renqueante traición de Pedro, al igual que nuestras propias negaciones y fallas de moralidad en cuanto a la gracia, no fue un fracaso terminal, sino una ocasión de doloroso crecimiento personal en la fidelidad. No es irrealista suponer que más tarde Pedro alabó a Dios por la sierva en el patio de Caifás, quien le había convertido en un cobarde. En este contexto no es de extrañar que Agustín se refiera a las palabras de Pablo con una paráfrasis: «Para quienes aman a Dios todo obra para bien, incluso el pecado».

En algún punto de nuestras vidas, fuimos tocados por un profundo encuentro con Jesucristo. Fue una experiencia culminante, un momento de inmenso consuelo. Envueltos en paz, gozo, certeza y amor, nos sentimos simplemente sobrecogidos. Nuestras mentes y corazones resonaron con maravilla y admiración. Nos sentimos tocados, durante unas horas, días o semanas, y luego volvimos de nuevo a nuestras ocupaciones de rutina, a nuestra vida cotidiana. No se desarrolló en nosotros la maravilla permanente.

Lentamente, volvimos a quedar atrapados en las exigencias de nuestra carrera o ministerio, en las distracciones que nos ofrece nuestro mundo tan ocupado. Comenzamos a tratar

a Jesús como a un viejo amigo de Brooklyn al que amamos en
el pasado, pero a quien hace mucho no vemos. Por supuesto,
no ha sido nuestra intención. Simplemente permitimos que
las circunstancias nos separaran. En una visita a esa ciudad,
ni siquiera se nos cruzó por la mente la idea de visitarle. Es-
tuvimos ocupados con otras cosas, aunque fueran menos cau-
tivantes y esenciales para nuestra vida. Es posible que nunca
amemos a nadie como le hemos amado a él, pero hasta el recuerdo se ha esfumado.

Debido al agnosticismo de la falta de atención—la falta
de disciplina personal debido al bombardeo de los medios, el
control mental, la conversación estéril, la oración en privado y
la subyugación de los sentidos—la presencia de Jesús se hace
más y más remota. Así como la inatención disuelve la confianza y la comunión en las relaciones humanas, igual sucede
con la relación divina cuando no atendemos a lo Santo. «Las
espinas y malezas terminan borrando el sendero poco fre-
cuentado». El corazón reverdecido se convierte en un viñedo
seco. A medida que eliminamos a Dios de nuestra conciencia,
porque miramos hacia otro lado, nuestros corazones se en-
frían. Los agnósticos cristianos no niegan a un Dios personal;
muestran su falta de fe ignorando lo sagrado. La pequeñez de
nuestras vidas es un testimonio mudo del desvencijado mobi-
liario de nuestras almas.

Y así, nuestros días se vuelven más y más triviales:

«Quedamos atrapados en un laberinto veloz. Nos
despertamos cuando lo indica el reloj. Nos golpean
las noticias sobre acontecimientos remotos, fuera de
nuestro alcance. Nos sacuden las operaciones mecá-
nicas que nos impulsan a la actividad y la produc-
tividad. El tráfico nos fuerza a calcular el tiempo
al segundo. Los ascensores, teléfonos y demás

dispositivos nos guían por interacciones necesarias y mantienen la interacción humana a un nivel superficial y mínimo. Nuestra concentración se ve distraída por reuniones y pequeñas crisis. Al final del día, intentamos despojarnos de todo: el tráfico, la automatización, los títulos de las noticias, y programamos el reloj despertador para que vuelva a tiranizar nuestro despertar en la mañana. Las rutinas están programadas por el tic tac del reloj. Hay poco espacio para responder humana y humanitariamente ante los sucesos del día; poco tiempo para entrar en la sabiduría y frescura, y en la promesa de sus oportunidades. Sentimos que nuestras vidas nos encierran, nos confinan y conforman».[5]

Establecemos vidas de confortable piedad y virtud bien alimentada. Nos volvemos complacientes y llevamos vidas prácticas. Nuestros tibios intentos por orar se ven llenos de frases hechas, dirigidas a una deidad que no se inmuta. Incluso los momentos de adoración se trivializan.

Esta es la renquera victoriosa que vive a menudo este autor. En diferentes momentos del viaje he intentado llenar el vacío que frecuentemente viene con la presencia de Dios mediante una serie de sustitutos: escribir, predicar, viajar, la televisión, películas, helados, relaciones huecas, deportes, música, sueños en vigilia, alcohol, etc. Como dice Annie Dillard: «Siempre está esa enorme tentación de andar en la pequeñez de amigos, cenas y viajes, durante una pequeñez de años por venir».[6] A lo largo del camino, en algún momento elegí la esclavitud, y perdí mi anhelo de libertad. Amé mi cautiverio y me encerré en el deseo de cosas que detestaba. Endurecí mi corazón contra el amor verdadero. Abandoné la oración y escapé de lo simplemente sagrado en mi vida. En algún momento, cuando la gracia me sobrecogió y regresé a la oración, casi esperaba que Jesús preguntara: «¿Quién habla…?»

Ninguno de mis fracasos de fidelidad han sido terminales. Una y otra vez, la gracia me ha abrazado, hasta la profundidad de mi ser, trayéndome al lugar en el que acepto mi infidelidad, y guiándome de vuelta al quinto paso del programa de AA: «Reconocer ante Dios, ante los demás y ante mí mismo la naturaleza exacta de mis errores».

El perdón de Dios es la gratuita liberación de la culpa. Paradójicamente, la convicción del pecado personal es también ocasión de encuentro con el misericordioso amor del Dios redentor.

«Os digo que así habrá más gozo en el cielo por un pecador que se arrepiente, que por noventa y nueve justos que no necesitan de arrepentimiento» (Lucas 15:7). En su quebranto, el pródigo arrepentido conoció una intimidad con su padre que el hermano recto jamás conocería.

Cuando Jesús perdonó sus pecados al paralítico, algunos escribas se dijeron: «Sólo Dios puede perdonar los pecados» (Marcos 2:7). ¡Cuán iluminados estaban en su ceguera! Sólo Dios sabe cómo perdonar. Nuestros torpes intentos humanos por perdonar suelen crear más problemas de los que pueden resolver. De manera condescendiente, aplastamos y humillamos al pecador con nuestra insoportable magnanimidad. Puede ser que se le perdone, pero quedará sin confianza, consuelo o aliento. Sólo Dios sabe cómo perdonar haciendo que volvamos a pararnos sobre ambos pies. El padre del hijo pródigo dijo, en efecto: «Calla, hijo. No necesito saber dónde has estado, ni lo que has hecho».

El evangelio de la gracia anuncia que el perdón precede al arrepentimiento. El pecador es aceptado aun antes de que pida misericordia. Ya está otorgado. Sólo necesita recibirlo. Amnistía total. Perdón gratuito.

«Sólo Dios puede hacer del perdón algo glorioso para recordar. Está tan feliz de absolvernos que quienes han recibido de Él este gozo no se sienten como una peste molesta, sino como un niño mimado, comprendido, alentado, que complace y le es útil al padre, infinitamente mejores de lo que pensaban ser. "Oh, feliz equivocación", gritarán. Si no fuéramos pecadores y no necesitáramos el perdón más que el pan, no tendríamos forma de saber cuán profundo es el amor de Dios».[7]

Cuando el hijo pródigo volvió rengueando a casa luego de despilfarrar su dinero en mujeres y juergas, sus motivos eran mixtos. Se dijo: «¡Cuántos jornaleros en casa de mi padre tienen abundancia de pan, y yo aquí perezco de hambre! Me levantaré e iré a mi padre, y le diré: ¡Padre, he pecado contra el cielo y contra ti!» (Lucas 15:17-18). El estómago andrajoso no estaba retorciéndose por sentirse compungido ante la pena que había causado a su padre. Volvió rengueando a casa simplemente porque necesitaba sobrevivir. Su viaje a tierras lejanas le había dejado en bancarrota. Los días de rosas y vino le habían desilusionado. El vino se agrió, las rosas se marchitaron. Su declaración de independencia había madurado, dando una cosecha inesperada: no la libertad, el gozo y una nueva vida, sino la esclavitud, el desasosiego y el roce con la muerte. Sus amigos de los buenos tiempos habían buscado nuevos rumbos cuando su alcancía quedó vacía. Desencantado con la vida, regresó a casa, no porque ardía en deseos de ver a su padre, sino porque tenía que sobrevivir.

Para mí, el versículo más conmovedor en toda la Biblia es la respuesta del padre: «Y levantándose, vino a su padre. Y cuando aún estaba lejos, lo vio su padre, y fue movido a misericordia, y corrió, y se echó sobre su cuello, y le besó»

(Lucas 15:20). Me conmueve que el padre no haya interrogado al muchacho, dándole un sermón sobre la ingratitud, o insistiendo en motivaciones más elevadas. Estaba tan contento de ver a su hijo que ignoró todos los cánones de prudencia y discreción paternal, y simplemente le dio la bienvenida a casa. El padre le aceptó de vuelta, tal como era.

¡Qué palabra de aliento, consuelo y aceptación! No necesitamos escudriñar nuestro corazón ni analizar nuestras intenciones antes de volver a casa. Lo único que Abba quiere es que aparezcamos de nuevo allí. No necesitamos hacer tiempo en la taberna hasta que sintamos un corazón puro. No necesitamos quebrarnos con pena, ni aplastarnos con contrición. No necesitamos ser perfectos, ni siquiera buenos, para que Dios nos acepte. No necesitamos ahogarnos en la culpa, la vergüenza, el remordimiento y la autocondenación. Aun si sentimos una secreta nostalgia por las tierras lejanas, Abba nos abraza y nos besa.

Aun si regresamos sólo porque no supimos arreglárnoslas, Dios nos da la bienvenida. No pide explicaciones por nuestra súbita vuelta a casa. Está feliz de que estemos allí, y quiere darnos todo lo que deseamos.

Henri Nouwen escribe:

«Veo mentalmente la pintura de Rembrandt *El regreso del hijo pródigo*. El padre, anciano, abraza a su hijo con amor incondicional. Ambas manos—una, masculina y fuerte, la otra femenina y suave—están sobre los hombros de su hijo. No mira a su hijo, sino que siente su cuerpo cansado y le permite descansar en su abrazo. Su inmensa capa roja es como las alas de la madre pájaro, envolviendo al pichón. Parece estar pensando sólo una cosa: ha vuelto y estoy muy feliz de tenerle conmigo otra vez.

«¿Por qué demorarnos, entonces? Dios está allí, con los brazos abiertos, esperando abrazarme. No me hará preguntas sobre mi pasado. Sólo quiere tenerme de vuelta».[8]

La parábola del pródigo es una de las muchas caras de la fidelidad. Es también un retrato sincero y terrenal de la renquera victoriosa.

Así lo es también la película *A Man for All Seasons* [Un hombre para todas las temporadas], premiada en 1966, que narra la conmovedora historia de la fidelidad a toda costa de un hombre, hacia sí mismo y hacia Cristo. Thomas More, el Canciller de Inglaterra, había sido encarcelado en la Torre de Londres porque se negaba a obedecer a la Corona. Su hija Meg le visita y le implora que cambie de idea para salvar su vida. More le explica que si jura lealtad al rey Enrique VIII, estaría comprometiendo su conciencia, traicionando a Jesús.

Ella arguye que no es su culpa que el estado sea corrupto en sus tres cuartas partes, y que si elige sufrir por ello, está haciendo un héroe de sí mismo. Pero su padre responde:

«Meg, si viviéramos en un estado en que la virtud fuera provechosa, el sentido común nos haría buenos, y la ambición nos haría santos. Y viviríamos, animales o ángeles, en la tierra feliz que no necesita de héroes. Pero como vemos de hecho que la avaricia, la ira, la envidia, el orgullo, la lujuria y la estupidez dan más beneficios que la humildad, la castidad, la fortaleza, la justicia y el pensamiento, y no tenemos elección más que la de ser humanos, entonces quizás debamos mantenernos firmes, aun a riesgo de convertirnos en héroes».[9]

En 1535, More fue al cadalso del verdugo, gozoso en la libertad real de un hombre de Cristo. Oró brevemente pidiendo a Dios misericordia, abrazó al verdugo—que le pidió perdón—confesó su fe cristiana y llamó a todos los presentes a orar por el rey, diciendo que moría como «buen siervo del rey, pero primero, como siervo de Dios». Sus últimas palabras fueron una broma sobre su barba, acomodándola sobre el madero para que no la cortaran, ya que al menos con ella no había cometido traición.

Thomas More, un hombre del mundo, con vestiduras seculares, que vivía en una ciudad secular y rodeado de familia, posesiones y deberes de la vida pública, fue *fiel*. No porque fuera libre de defectos y pecados; los tenía, como todos nosotros, y los confesó a menudo antes de su muerte. Pero con todas sus fallas y debilidades, eligió ser sincero consigo mismo y con Cristo en la prueba suprema del martirio.

En 1929, G. K. Chesterton predijo: «Sir Thomas More es más importante en este momento que en ningún otro antes de su muerte; pero no es tan importante como lo será dentro de cien años más».[10] Su vida es una afirmación imperecedera...es posible vivir en este mundo de manera sobria, honesta, sin fanatismos, sin ser pío, con seriedad y al mismo tiempo con gozo: fielmente. ¿Cuál es el mensaje de la vida de este hombre? Hagamos una elección en la fe, a pesar de todos nuestros pecados, y sostengámosla a lo largo de nuestra vida diaria, por Cristo el Señor y su reino.

Los cristianos maduros que he conocido a lo largo del camino son quienes se han equivocado y han aprendido a vivir con gracia, aceptando su falla. La fidelidad requiere del coraje de arriesgarlo todo por Jesús, la voluntad de seguir creciendo y la disposición a arriesgarnos a fracasar a lo largo de nuestras vidas. ¿Qué significan estas cosas, específicamente?

Arriesgarlo todo por Jesús: El evangelio andrajoso dice que no podemos perder, porque no tenemos nada que perder. La fidelidad a Jesús implica que con todos nuestros pecados, cicatrices e incertidumbres, nos mantenemos con Él; que su Palabra nos forma y nos informa; que reconocemos que el aborto y las armas nucleares son dos caras de la misma moneda acuñada en el infierno; que nos mantenemos firmes junto al Príncipe de Paz y nos negamos a rendir reverencia ante al altar de la seguridad nacional; que somos un pueblo de Dios, dadores de vida, no quitadores de vida. Que vivimos bajo el signo de la cruz, no el signo de la bomba.

La disposición a seguir creciendo: La infidelidad es rehusarse a llegar a ser algo, es la negación de la gracia (la gracia que no es activa es una ilusión), y el rechazo a ser uno mismo. Hace tiempo leí una oración redactada por el fallecido General Douglas MacArthur:

«La juventud no es una época en el tiempo. Es un estado mental, el resultado de la voluntad, una cualidad de la imaginación, la victoria del coraje por sobre la timidez, y el sabor de la aventura por sobre el deseo de comodidad. El hombre no envejece porque haya vivido una determinada cantidad de años. Envejece cuando abandona su ideal. Los años podrían arrugar su piel, pero desertar de su ideal le arruga el alma. Las preocupaciones, temores, dudas y desesperanza son los enemigos que lentamente nos hacen inclinar hacia la tierra, y nos convierten en polvo antes de nuestra muerte. Seguiremos siendo jóvenes mientras estemos accesibles a o bello, lo bueno y lo grandioso; receptivos a los mensajes de otros hombres y mujeres, de la naturaleza y de Dios. Si un día nos volviéramos amargos, pesimistas y carcomidos por la desesperanza, que Dios se apiade de nuestras envejecidas almas».

La disposición a arriesgarse al fracaso: Muchos de nosotros nos sentimos perseguidos por nuestros fracasos, quizás por no haber hecho de nuestra vida lo que anhelábamos ser. La disparidad entre nuestro ser ideal y nuestro ser real, el oscuro espectro de las infidelidades pasadas, el conocimiento de que no soy lo que creo, la imparable presión de la conformidad, y la nostalgia por la inocencia perdida, refuerzan un acuciante sentido de culpa existencial: he fracasado. Esta es la cruz que jamás esperábamos, la que más nos cuesta cargar.

Una mañana, orando, oí lo siguiente: *«Hermanito, vi a Pedro que negó que me conocía, a Santiago que quería poder a cambio de servicio en el reino, a Felipe que no vio al Padre en mí, a tantos discípulos convencidos de que el Calvario era mi final. El Nuevo Testamento tiene muchos ejemplos de hombres y mujeres que comenzaron bien y luego dudaron o fracasaron a lo largo del camino. Sin embargo, en la noche de Pascuas aparecí ante Pedro. Santiago no es recordado por su ambición, sino por el sacrificio de su vida por mí. Felipe sí vio al Padre en mí cuando le mostré el camino, y los discípulos que perdieron la esperanza tuvieron coraje suficiente para reconocerme cuando partimos el pan al final del camino a Emaús. Lo que digo, hermanito, es esto: Espero más fracasos de ti de los que tú mismo esperas».*

El andrajoso que ve su vida como un viaje de descubrimiento y corre el riesgo del fracaso, siente mejor la fidelidad que el tímido que se esconde detrás de la ley y nunca llega a descubrir quién es en realidad. Winston Churchill lo dijo bien: «El éxito nunca es final; el fracaso nunca es fatal. Lo que cuenta es el coraje».

Una noche, un querido amigo de Roslyn llamado Joe McGill estaba orando acerca de este pasaje en Juan: «En el principio era el Verbo, y el Verbo era con Dios, y el Verbo era Dios...Y aquel Verbo fue hecho carne, y habitó entre nosotros» (Juan 1: 1,14). En la brillante oscuridad de la fe, oyó decir a Jesús: «*Sí, el Verbo se hizo carne. Elegí entrar en tu quebrantado mundo y renquear por la vida junto a ti*».

En el último día, cuando lleguemos a la Gran Cabaña del Cielo, muchos estaremos ensangrentados, golpeados, renqueando. Pero, por Dios y por Cristo, habrá una luz en la ventana y un cartel en la puerta que dirá: «Bienvenidos».

Capítulo once

UN POCO TONTO

En 1982, cuando me mudé de Clearwater, Florida, a Nueva Orleans, y Roslyn y yo iniciamos nuestra vida juntos, trabajé sobre los orígenes de la fe cristiana en el área. Al buscar entre los archivos, encontré datos fascinantes.

Hace más de cien años, en el Sur, una frase tan común en nuestra cultura cristiana de hoy—nacido de nuevo—era casi desconocida. En lugar de ello, la frase utilizada para describir el momento de iniciar la relación personal con Jesucristo era: «Me atrapó el poder del gran afecto». Estas palabras describen tanto la iniciativa de Dios como la explosión dentro de nuestro corazón cuando Jesús deja de ser una cara pelilarga en una estampita y se convierte en Señor real y vivo de nuestra vida personal y profesional. *Atrapado por el poder del gran afecto*, era una descripción visceral del fenómeno de Pentecostés, de la auténtica conversión, de la liberación del Espíritu Santo. La frase le daba nuevo significado al antiguo proverbio ruso: «Quien enferma de Jesús jamás se cura».

En marzo de 1986, tuve el privilegio de pasar una tarde con una familia Amish en Lancaster, Pennsylvania. Siempre he tenido profundo respeto y admiración por la comunidad Amish. Todos tenemos un sueño, una visión de la vida que se corresponde con nuestras convicciones, que representa nuestra condición de únicos y que expresa lo que nos da la vida. Sea altruista o poco noble, el sueño define nuestras vidas, influye en nuestras decisiones, en los pasos que damos y las palabras que pronunciamos. Diariamente hacemos elecciones que son coherentes o contrarias a nuestra visión. La vida de integridad nace de la fidelidad al sueño. Como comunidad, los Amish, a gran costo personal, han formado un estilo de vida que da carne y hueso a su sueño.

Jonas Zook es viudo y tiene ochenta y dos años. Él y sus hijos se ganan la vida criando cerdos. La hija mayor, Bárbara, de cincuenta y siete años, maneja el hogar. Los tres hijos menores, Raquel (53), Elam (47) y Sam (45), son todos retardados. Cuando llegué a mediodía con mis dos amigos, el joven Elam—robusto, bajo de estatura, con larga barba y vestido con el traje negro de los Amish y su sombrero circular— salía del granero llevando su tridente. Jamás me había visto en la vida. Sin embargo, tan pronto me vio salir del automóvil, el joven retardado dejó su tridente y corrió hacia mí. Desde una distancia de medio metro, se abalanzó sobre mí, abrazándome con brazos y piernas, y me besó en los labios con feroz intensidad durante treinta segundos.

Bueno, me sorprendió, y me sentí muy avergonzado. Pero en un segundo, Jesús me libró de mis prejuicios. Entonces le devolví a Elam su beso, con el mismo entusiasmo. Luego me soltó, y tomándome del brazo, me llevó a visitar la granja.

Media hora más tarde, Elam se sentó junto a mí durante el almuerzo. Mientras comíamos, me volví para decir algo. Sin darme cuenta, le golpeé con el codo el costado. No dijo nada, ni siquiera se quejó. Lloró como un niño de dos años. Y lo que hizo luego me desarmó por completo.

Se llegó a mi silla, se sentó en mi regazo y me volvió a besar en los labios, los ojos, la nariz, la frente y las mejillas.

Allí estaba Brennan, mudo, sorprendido, llorando y *atrapado por el poder del gran afecto.* En su sencillez, el pequeño Elam Zook era una imagen de Jesucristo. ¿Por qué? Porque en ese momento su amor por mí no provenía de atractivo alguno, ni de un motivo que me hiciera ser querido. No estaba condicionado a mi respuesta. Elam me amaba, aunque yo fuera bueno o malo, agradable o desagradable. Su amor provenía de una fuente que no estaba en él ni en mí.

A menudo sucede en un momento profundo como este, que recuerdo una línea de un libro que leí hace mucho tiempo. Al hablar de la trágica historia de los aborígenes norteamericanos, el autor observaba que los indios Iroqués atribuían cierta divinidad a los niños retardados, dándoles un lugar de honor en la tribu, tratándolos como dioses. En su libertad de todo prejuicio, eran transparentes ventanas al Gran Espíritu...al corazón de Jesucristo que nos ama tal como somos y no como debiéramos ser, en estado de gracia o desgracia, sin límites, remordimientos o puntos finales.[1]

En un mundo que se pierde y está perdido, hay que ser un poco tonto para creer que «aun cuando elijamos lo que destruye y las consecuencias sean lamentables, el amor de Dios se mantiene inconmovible. Por ello, sin que importe nuestro aislamiento o defensiva, Dios siempre está accesible y vulnerable a nosotros».[2] A medida que crece el mar de sufrimiento en la humanidad, buscamos pruebas de que el Jesús crucificado y resucitado ha vencido sobre todo principado, poder y dominio, descartándolos como si fueran ropa vieja, y encarcelándolos a medida que avanza en su victoriosa procesión.

La triste historia de los aborígenes norteamericanos es un

recuerdo acuciante que no desaparece. No tienen hogar, han perdido su cultura, su tierra, su orgullo y su esperanza. Los refugiados de Afganistán, de Haití y Cuba, y de las islas del Pacífico Sur, vienen a nuestras costas y a menudo terminan en barrios y suburbios en condiciones inhumanas. Los vagabundos, los delincuentes y los perturbados mentales andan por las calles de nuestras ciudades. Los pequeños granjeros terminan aplastados por las grandes empresas agropecuarias. La minería a pico y pala ha arrasado con la tierra. El crimen de guante blanco en *Wall Street* y el fraude gubernamental en Washington han devastado la moral norteamericana. Las víctimas de SIDA terminan en el ostracismo, como indeseables. La epidemia de las drogas devora a nuestra juventud, poniendo nuestro mañana en juego. Los clérigos corruptos aparecen por docena. El antisemitismo y el racismo son cicatrices en la conciencia nacional.

Después de dos mil años, el Cuerpo de Cristo aún está dividido por la doctrina, la historia y la vida del día a día. Hay historias escabrosas sobre la desunión cristiana en periódicos y diarios. El Cuerpo de la Verdad sangra por mil heridas. No es de extrañar que tantos cristianos hoy se sientan quebrados, confundidos y acabados. El triste paisaje de la aldea global ha traído desaliento, desilusión, y lo que Parker Palmer llama «ateísmo funcional»: la creencia de que nada sucede a menos que nosotros hagamos que suceda. Aunque nuestro lenguaje honre a Dios de palabra, nuestro modo de funcionar supone que Dios está muerto, o en coma. Ser atrapados por el poder del gran afecto no parece tener relación con el mundo en que vivimos. ¿No hace falta ser un poco loco para escuchar lo que dice el evangelio andrajoso?

¡Claro que sí! Como le dijo Zorba el griego a su empleador: «Es difícil, jefe, muy difícil. Hay que ser un poco tonto para hacerlo; un poco tonto ¿sabe? Hay que arriesgarlo todo».[3] En el análisis final, el discipulado es una vida de sublime locura.

La verdad del evangelio de Jesucristo no empieza y termina en los temas de la corrupción de los clérigos, la explotación de los pobres, lo miserable de las multinacionales o el irracional fanatismo de las dictaduras modernas. Merece ser aceptada o rechazada por lo que es, una respuesta a las preguntas más fundamentales que podamos preguntarnos: ¿Es la vida un absurdo o tiene un propósito? Jesús responde que nuestras vidas no sólo tienen propósito sino que Dios ha intervenido directamente en los asuntos humanos para dejar bien en claro cuál es ese propósito. ¿Cuál es la naturaleza de la realidad esencial? Jesús responde que lo realmente real es el amor generoso, que perdona y salva. ¿Triunfará la vida sobre la muerte al final? Con total confianza Jesús responde: *El reino de mi Padre no puede ser vencido, ni siquiera por la muerte. En el final todo estará bien, nada podrá lastimarles permanentemente, no hay pérdida que perdure, no hay derrota que no sea transitoria, no hay desilusión que sea concluyente. El sufrimiento, el fracaso, la soledad, la pena y el desaliento, la muerte, todo esto formará parte del viaje, pero el Reino de Dios conquistará todos estos horrores. No hay mal que pueda resistirse a la gracia para siempre.*

Si rechazamos el evangelio andrajoso y le volvemos la espalda al cristianismo, hagámoslo porque encontramos que las respuestas de Jesús son increíbles, blasfemas o ilusas:

«Rechace el cristianismo por motivos cínicos, aléjese de él porque cree que la realidad es maligna y castiga; elija un Dios que se ha olvidado de nosotros, que se venga y decide mantener al hombre en su lugar, elija esto si prefiere un Dios así. Si no puede aceptar la idea de que el amor está en el centro del

universo, entonces está en su derecho. Si no cree que
el Absoluto desea apasionadamente ser su amigo y
amante, entonces rechace este pensamiento absurdo.
Si no cree que tengamos el entusiasmo, la fuerza, el
coraje y la creatividad de amarnos como amigos, entonces rechace esta increíble idea. Y si piensa que es ridículo creer que la vida triunfará por sobre la muerte,
ni siquiera se moleste con el cristianismo, porque no
puede ser cristiano a menos que crea en ello».[4]

En la Palestina del siglo I, la gente de Judea y Galilea de-
batía sobre la proclamación del Reino de Dios. Jesús anunció
que una vieja época había pasado, y que se iniciaba una era
nueva. La única respuesta apropiada era ser cautivado por el
gozo y la maravilla.

Quienes le escuchaban no decían: «Sí, Rabí, te creemos»,
o «No, Rabí, creemos que eres un tonto». Ellos preguntaban:
«¿Qué hay de los romanos que nos devoran?», «¿Cuándo vas
a enviar un signo apocalíptico?», «¿Por qué no están tú y tus
discípulos dentro de la ley judaica?», «¿De qué lado estás en
las diversas controversias legales?»

Jesús respondió que los romanos no eran el tema principal,
que la Ley tampoco lo era, y que los milagros cósmicos tampoco lo eran. El inconmovible amor de Dios era el tema principal, y frente a esa revelación, los romanos y la Torá eran algo
secundario. Su público obstinadamente se negaba a conceder
que la Torá pudiera ser secundaria, o que el dominio romano
de Palestina no fuera algo de suma importancia. La Torá y
Roma eran los temas principales. «¿Qué tienes que decirnos
acerca de *ellos*, Rabí?»

Una vez más, Jesús respondió que no había venido a
debatir la Ley ni a desafiar al Imperio Romano. Había venido como heraldo de la Buena Nueva, anunciando que lo

verdaderamente real es el amor, y a invitar a los hombres y mujeres a responder con gozo a ese amor.

Los críticos sobrios, realistas y obstinados simplemente sacudían la cabeza: «¿Por qué no se refiere Él a los asuntos críticos?»

Desde el día en que Jesús apareció en escena, hemos desarrollado vastos sistemas teológicos, organizado iglesias mundiales, llenado bibliotecas con brillantes estudios cristológicos, entrado en controversias, en cruzadas, reformas y renovaciones. Y aun así, hay todavía muy pocos lo suficientemente tontos como para darlo todo a cambio de Cristo; sólo hay un remanente con la confianza suficiente como para arriesgarlo todo por el evangelio de la gracia; sólo queda una minoría que se tambalea gozosa con el delirio de quien ha encontrado un tesoro enterrado y escondido.

Fue el cinismo, el pesimismo y la desesperanza lo que oscureció el ministerio de Jesús, y como dice el proverbio francés: «*Plus ca change, plus c'est la meme chose*» [Cuando más cambies las cosas, tanto más permanecerán iguales].

A riesgo de parecer un predicador 'vaquero', permítame presentar algunas preguntas íntimas y personales acerca de su relación con Jesús de Nazaret. ¿Vive usted cada día con la bendita seguridad de que ha sido salvado por la única gracia de nuestro Señor Jesucristo? ¿Sigue firmemente convencido luego de caer de bruces de que la estructura fundamental de la realidad no son las obras sino la gracia? ¿Se siente triste y melancólico porque sigue luchando por la perfección que proviene de su propio esfuerzo y no de la fe en Jesucristo? ¿Se siente horrorizado cuando fracasa? ¿En verdad sabe que no necesita cambiar, crecer o ser bueno para ser amado?

¿Está tan seguro del triunfo del bien sobre el mal como del proceso de fermentación de la levadura en la masa? ¿Su vida está orientada en general hacia la paz y el gozo aunque un día se sienta más deprimido que lo habitual? ¿Se siente disminuido por la percepción que los demás tienen de usted o por su definición de su propio ser? ¿Posee usted ese toque de locura para trascender la duda, el miedo y el odio a sí mismo, y reconocer que es usted aceptado?

Si no es así, quizás pertenezca usted a la hermandad de los quebrados, los desalentados y agotados. Quizás se sienta como un tronco quemado en el hogar, sin energía e incapaz de encender el fuego dentro de su corazón. Sus recursos internos parecen haberse acabado. Louis Savary describe a la hermandad del siguiente modo:

«Su vida está llena de las solicitudes de los demás. Parecen estar viviendo al menos tres vidas; todo el mundo quiere un pedazo; no pueden decir que no, pero no tienen tiempo de hacer aquello a lo que han accedido...No pueden al parecer encontrar la claridad necesaria, ni la información que necesitan para tomar decisiones...invierten demasiado en sus relaciones y obtienen poca gratitud, poca respuesta o reconocimiento de parte de los demás. "Aunque la falta de reciprocidad es inevitable y aceptable", escribe Mitchell, "también es agotadora. Nadie puede funcionar durante mucho tiempo en una profesión de solidaridad sin sentir este impacto"».[5]

El primer paso hacia la redención comienza cuando aceptamos donde estamos, exponiendo nuestra pobreza, fragilidad y vacío ante el amor que lo es todo. No intente sentir, pensar ni hacer nada. Cono toda la buena voluntad del mundo, no logrará usted que nada suceda. No se obligue a orar. Simplemente relájese en presencia del Dios en quien cree a medias, y pida ser un poco tonto, un poco loco.

El poeta indio Tagore lo expresa así:

No, no está en ti el hacer florecer el capullo.
Sacude el capullo, golpéalo, está más allá de tu poder
    hacer que florezca.
Al tocarlo lo estropeas. Rompes sus pétalos en
    pedazos, los cuales caen al suelo sin que aparezca
    el color ni el perfume.
Oh, no está en ti hacer florecer el capullo.

Aquel que puede abrir el capullo lo hace con
    sencillez.
Sólo lo mira, y la vida corre por sus venas, con su
    aliento, la flor extiende sus alas y aletea en el
    viento.
El color surge como el anhelo de un corazón, el
    perfume revela un dulce secreto.
Aquél que puede abrir el capullo lo hace con
    sencillez.[6]

Luego pruebe este sencillo ejercicio de fe: cierre los ojos
y póngase cómodo, con la espalda derecha: sentado, de pie,
arrodillado o acostado con las rodillas levantadas. Imagine
que Jesús le está mirando como miró al apóstol Juan en el
Aposento Alto, cuando con un increíble gesto de intimidad él
apoyó su cabeza en el pecho de Jesús, o como miró a la mujer
pecadora que lavaba sus pies con sus lágrimas y los secaba con
su cabello. Durante diez minutos, ore repitiendo la primera
frase del Salmo 23: «El Señor es mi pastor, nada me faltará».

Durante los siguientes diez minutos, ore este pasaje de
Oseas, y cada vez que vea la palabra Israel, reemplácela con
su nombre:

«Cuando Israel era muchacho, yo lo amé, y de Egipto llamé a mi hijo... Yo con todo eso enseñaba a andar al mismo Efraín, tomándole de los brazos; y no conoció que yo le cuidaba. Con cuerdas humanas los atraje, con cuerdas de amor; y fui para ellos como los que alzan el yugo de sobre su cerviz, y puse delante de ellos la comida...¿Cómo podré abandonarte, oh Efraín? ¿Te entregaré yo, Israel? ¿Cómo podré yo hacerte como Adma, o ponerte como a Zeboim? Mi corazón se conmueve dentro de mí, se inflama toda mi compasión. No ejecutaré el ardor de mi ira, ni volveré para destruir a Efraín; porque Dios soy, y no hombre, el Santo en medio de ti; y no entraré en la ciudad» (Oseas 11:1, 3-4, 8-9).

Finalmente, durante los últimos cinco minutos de este ejercicio de fe, lea en voz alta y lentamente estos tres textos:

«Pero he aquí que yo la atraeré y la llevaré al desierto, y hablaré a su corazón. Y le daré sus viñas desde allí, y el valle de Acor por puerta de esperanza; y allí cantará como en los tiempos de su juventud, y como en el día de su subida de la tierra de Egipto» (Oseas 2:14-15).

«Oídme, costas, y escuchad, pueblos lejanos. Jehová me llamó desde el vientre, desde las entrañas de mi madre tuvo mi nombre en memoria. ¿Se olvidará la mujer de lo que dio a luz, para dejar de compadecerse del hijo de su vientre? Aunque olvide ella, yo nunca me olvidaré de ti. He aquí que en las palmas de las manos te tengo esculpida; delante de mí están siempre tus muros» (Isaías 49:1, 15-16).

«¿Qué, pues, diremos a esto? Si Dios es por nosotros, ¿quién contra nosotros? El que no escatimó ni a su propio Hijo, sino que lo entregó por todos nosotros, ¿cómo no nos dará también con él todas las cosas?» (Romanos 8:31-32).

Si tiene alguna vez la oportunidad de celebrar las Pascuas en Francia, ya sea en una gran ciudad como Paris, Bordeaux, Lyon o Dijon, o en una aldea como Saint-Remy (donde viví durante seis meses) verá escrita una frase en los muros de los edificios y al costado de los autobuses. Oirá esta frase en las iglesias, y también como saludo pascual cuando las personas se cruzan por la calle: *«L'amour de Dieu est folie!»* [El amor de Dios es locura].

En estas páginas he balbuceado y tartamudeado, en un intento por darle un atisbo de la increíble realidad del furioso amor de Dios. Como un viejo minero que sustrae del arroyo de sus recuerdos, he buscado en las Escrituras para oír la revelación de Dios acerca de sí mismo. He leído cientos de libros bíblicos, teológicos y espirituales, buscando mayor entendimiento del evangelio de la gracia. He utilizado historias, imágenes, poesía, simbolismo, metáforas y prosa narrativa para comunicar algo del amor vehemente de nuestro apasionado Dios. Reconociendo mis propias limitaciones, no voy a ser duro conmigo mismo, porque sé que vendrá un tiempo y un lugar en que podremos decirlo todo. El secreto de este misterio es: Dios siempre es más, y más. No importa cuán grande creamos que es, su amor siempre es más grande.

Cuenta la historia que Tomás de Aquino, quizás el más grande teólogo del mundo, hacia el fin de su vida dejó de escribir. Cuando su secretario se quejó de que su obra no estaba completa, Tomás respondió: «Hermano Reinaldo, cuando oraba unos meses atrás, sentí algo de la realidad de Jesucristo.

Ese día, perdí todo deseo de escribir. En realidad, todo lo que he escrito sobre Cristo ahora me parece sólo paja».[7]

L'amour de Dieu est folie! Alcanza a los andrajosos, en todas partes. Sólo le exhorto a una cosa...caminemos juntos. Sólo tengo una oración...que Jesucristo nos convierta a la locura del evangelio.

UNAS PALABRAS FINALES

Al terminar de leer *El evangelio de los andrajosos*, habrá lectores reflexivos que quizás piensen: «Hmmm. Sí, hay algunos puntos en los que tiene razón. Pero el libro tiene un sesgo marcado. Brennan habla todo el tiempo de Abba, de Jesús, de la gracia, la compasión y el furioso amor de Dios. Pero dice poco acerca de la moralidad. Creo que erró el tiro».

La Biblia es la historia del amor de Dios con su pueblo. Dios llama, sigue, perdona y sana. Nuestra respuesta a su amor es en sí misma su regalo.

Supongamos que usted me adelanta $1,000,000 para mis gastos personales. Un año más tarde, me pide que comience a pagar cuotas mensuales sin interés de $10,000. El primer día del mes, me siento y extiendo un cheque, cuando de pronto llega el correo. Usted me ha enviado un cheque por $10,000 para cubrir mi cuota mensual. Continúa con esta práctica hasta que paga toda mi deuda. No puedo creerlo y exclamo: «Esto no puede ser verdad».

Dios está enamorado de su pueblo, y quiere tanto una respuesta que hasta nos da la gracia necesaria para responderle: .

«Alumbrando los ojos de vuestro entendimiento, para que sepáis cuál es la esperanza a que él os ha llamado, y cuáles las riquezas de la gloria de su herencia en los santos, y cuál la supereminente grandeza de su poder para con nosotros los que creemos, según la operación del poder de su fuerza» (Efesios 1:18-19).

El amor de Dios no se puede imaginar. «Para que habite Cristo por la fe en vuestros corazones, a fin de que, arraigados y cimentados en amor, seáis plenamente capaces de comprender con todos los santos cuál sea la anchura, la longitud, la profundidad y la altura, y de conocer el amor de Cristo, que excede a todo conocimiento, para que seáis llenos de toda la plenitud de Dios» (Efesios 3:17-19).

¿Oímos de veras lo que dice Pablo? ¡Arriba, arriba, hombre! Deje atrás las percepciones finitas, empobrecidas y circunscriptas de Dios. El amor de Cristo va más allá de todo conocimiento, más allá de todo lo que podamos intelectualizar o imaginar. No es una benevolencia leve, sino un fuego que nos consume. Jesús perdona tanto, es tan infinitamente paciente, tan interminablemente amoroso, que nos da los recursos que necesitamos para vivir vidas de respuesta a la gracia: «Y a Aquel que es poderoso para hacer todas las cosas mucho más abundantemente de lo que pedimos o entendemos, según el poder que actúa en nosotros (Efesios 3:20).

¿Luce como una religión fácil?

El amor tiene sus propias exigencias. No pesa ni cuenta, pero espera mucho de nosotros. Quizás esto explique nuestra reticencia a correr el riesgo. Sabemos demasiado bien que el evangelio de la gracia es un llamado irresistible a amar del mismo modo. No es de extrañar que tantos de nosotros elijamos rendir nuestras almas a las reglas en lugar de vivir en unión con el Amor.

No hay mayores pecadores que los que se llaman cristianos y desfiguran el rostro de Dios, mutilan el evangelio de la gracia, e intimidan a otros por medio del miedo. Ellos corrompen la naturaleza esencial del cristianismo. Según la frase de Eugene Peterson: «Dicen mentiras acerca de Dios, y les maldigo».

La iglesia norteamericana está en un punto crítico. El evangelio de la gracia se confunde y canjea por silencio, seducción y subversión evidente. La vitalidad de la fe está en peligro. Los eslóganes mentiroso de los que dicen arreglarlo todo, blandiendo la religión como espada de juicio, se acumulan con impunidad.

Es necesario que los andrajosos de todo el mundo se reúnan como iglesia confesante, para gritar en protesta. Revocando las licencias de los líderes religiosos que falsifican la idea de Dios. Sentenciándolos a tres años en soledad, con la Biblia como única compañía.

María Magdalena es la testigo por excelencia del evangelio andrajoso. El Viernes Santo vio cómo el hombre que ella amaba era quebrantado de modo brutal e inhumano. El foco de su atención no estaba en el sufrimiento, sino en el Cristo sufriendo: «El cual me amó y se entregó a sí mismo por mí» (Gálatas 2:20). Nunca permita que estas palabras sean interpretadas como alegoría de la vida de Magdalena. El amor de Jesús era una realidad divina, ardiente para ella: habría quedado olvidada en la historia como una prostituta desconocida si no hubiera sido por el amor de Cristo.

No tiene entendimiento de Dios, de la iglesia, de la religión, la oración o el ministerio si no es en términos del Hombre Sagrado que la amó y se entregó por ella. El lugar único que Magdalena ocupa en la historia del discipulado se debe no al misterioso amor que ella sentía por Jesús, sino a la milagrosa transformación que el amor de Él produjo en la vida de ella. Magdalena simplemente se dejó amar: «La verdad central por la que se conoce la vida de María es que es posible ser liberado por medio del amor, desde la oscura profundidad a la más luminosa altura, donde vive Dios».[1]

Donde abundaba el pecado, sobreabundó la gracia.

Cuando Jesús le preguntó a Pedro en las orillas del mar de Tiberias: «Simón, hijo de Jonás, ¿me amas?» No dijo nada más: lo que él dijo, bastaba. *¿Me amas? ¿Puedes permitir que mi amor te conmueva en tu debilidad, te libere y te dé poder?* Desde entonces, el único poder que Pedro tuvo fue el amor que Jesús tenía por él. Contó una y otra vez la historia de su propia infidelidad, y cómo Jesús le había conmovido. Cuando proclamaba el evangelio de la gracia, predicaba desde su debilidad el poder de Dios. Esto es lo que convirtió al mundo romano, y lo que nos convertirá a nosotros y a quienes nos rodean si ven que el amor de Cristo nos ha tocado también.

La iglesia norteamericana de los andrajosos confesos necesita unirse a Magdalena y Pedro, dando testimonio de que el cristianismo no es primordialmente un código moral, sino un misterio cargado de gracia; no es esencialmente una filosofía de amor, sino una relación de amor; no es guardar las reglas con los dientes apretados y los puños cerrados, sino recibir un regalo con ojos y manos abiertos.

Hace muchos años, el conocido teólogo evangélico Francis Schaeffer escribió: «La verdadera espiritualidad consiste en vivir momento a momento por la gracia de Jesucristo». Este libro no se atribuye la originalidad; es simplemente un comentario sobre la afirmación de Schaeffer. Como decía C. S. Lewis: La gente necesita más que se le recuerde que se le enseñe.

EL escándalo de la gracia

Diez años más tarde

*E*n público y en privado me han acusado de ser hereje, cismático, universalista y ridículamente optimista. Un estudioso católico romano me dijo que yo había luteranizado a Lutero. Me han acusado de no creer en la existencia del infierno, del juicio o el castigo. Un informe de Indiana me reprendió por utilizar los textos bíblicos de manera selectiva. Me han llamado desequilibrado, espiritualmente inmaduro e intelectualmente afectado. Un artículo de un periódico de California desafía mi pureza doctrinal y mi rectitud moral.

El evangelio de la gracia sigue escandalizando.

Los legalistas, puritanos, profetas del destino oscuro y los que hacen cruzadas de moralidad sufren un ataque de historia por el paulino que enseña la justificación por la gracia mediante la fe. Se escandalizan ante la libertad del pueblo de Dios y lo llaman libertinaje. No quieren que la cristiandad nos ayude a ser plenos, buscando que sintamos el peso de

213

una carga terrible. Buscan intimidarnos, infundir miedo en nosotros, para que pasemos en fila por su estrecho sendero de rectitud y control, en lugar de liberar nuestras vidas. Su pervertido espíritu de legalismo rompería las piernas del espíritu humano para enviarnos arrastrándonos bajo enormes rollos de reglas y normas. La excitante cualidad de su dedicación—el celo exagerado siempre impresiona—oscurece el hecho de que aceptan el evangelio en teoría, negándolo en la práctica.

Estos comentarios críticos suenan duros, pero en realidad son suaves comparados con las palabras de Jesús en Mateo 23, donde él reta a los legalistas por su sistemático escrutinio, que oscurece el rostro de un Dios compasivo:

«¡Ay de vosotros, escribas y fariseos, hipócritas... serpientes, generación de víboras!», esta es la ira de Jesús ante la práctica religiosa corrupta. (Por supuesto, también me defiendo de mis propias racionalizaciones al ver que quizás no soy tan diferente de los hipócritas como me gustaría ser.)

Durante los últimos diez años, sin embargo, lo que San Agustín llamó el *sensus fidelium* [el sentido de la fidelidad] ha afirmado de manera sobrecogedora la verdad de *El evangelio de los andrajosos*. El Espíritu Santo vive dentro de la gente común que vive vidas comunes y ofrece al Cuerpo de Cristo ideas maravillosas acerca del amor de Dios por nosotros. En todas las épocas la Iglesia es salvada por los andrajosos con un inequívoco discernimiento de espíritus. En el siglo III, cuando trescientos obispos aceptaron la doctrina herética de Ario, que negaba la divinidad de Cristo, fueron los *sensus fidelium* quienes se negaron a seguirle, preservando así a la comunidad de fe contra la desintegración.

Desde su publicación en inglés en 1990, *El evangelio de los andrajosos* ha producido una pequeña industria. Su tema ha inspirado ocho canciones; el fallecido Rich Mullins formó la banda Ragamuffin [Los andrajosos]; un libro recientemente publicado se titula *Ragamuffin Prayers* [Oraciones andrajosas]; cuatro pinturas, tres librerías y varios poemas llevan el nombre Ragamuffin; y me han enviado una caja de mezcla para panqueques de desayuno, llamadas *Rag-a-Muffins*.

¿Por qué sigue llamando la atención esta metáfora, después de diez años? Creo que habla de la condición espiritual de la mayoría de nosotros. Los andrajosos son el *anawim* de las Escrituras hebreas, los pobres de espíritu que sabiendo de su interna pobreza y vacío se entregan sin dudar a la misericordia de Dios. Tienen un sentido de debilidad personal con una total confianza en el amor de Dios. Son el remanente, el verdadero Israel a quien se le hicieron las promesas mesiánicas.

El camino del andrajoso es bastante diferente de la vida cristiana impuesta por la cultura eclesiástica tradicional. Se basa en la afirmación de Jesús: «El Hijo del Hombre no vino a ser servido, sino a servir» (Mateo 20:28). Los andrajosos no se sientan, esperando que les sirvan; se arrodillan para servir. Cuando hay comida en su plato, no protestan por la carne o las verduras, ni por el menú monótono o el plato cascado. Contentos de poder comer algo, agradecen el regalo más pequeño. No se impacientan ni se irritan por el mal servicio de la tienda, porque saben que a menudo son malos sirvientes también.

Los andrajosos no se quejan de la prédica insatisfactoria o los servicios sin vida en su iglesia local. Están felices de tener un lugar donde mezclarse con otros mendigos a las puertas de la misericordia de Dios: «Los mendigos saben cómo abrir las manos sabiendo que caerán las migajas de la gracia», dice Sue Monk Kidd.[1] Sabiendo con humildad que son proletarios, sin poder para lograr los deseos de su corazón sin la ayuda divina, agradecen la más pequeña migaja que caiga de la boca del predicador.

Las largas oraciones y las grandes palabras no van con los

andrajosos. Son como el cobrador de impuestos en el templo: «Dios, sé propicio a mí, pecador» (Lucas 18:13). El andrajoso sabe que es el cobrador de impuestos, y que negarse a admitirlo le convierte en fariseo. Cobradores de impuestos, don nadies, vagabundos de Jesús... andrajosos que ríen ante su propia vanidad de querer ser reconocidos.

Los andrajosos tampoco se interesan en fingir autosuficiencia. Saben que toda declaración de independencia de la amabilidad de los demás es pura tontería. Un *cajun* [Nota del traductor: Persona campesina natural de Louisiana] jamás preguntaría: «¿Le gustaría ir al otro lado de la ciudad?» En cambio, diría: «¿Puedo llevarlo del otro lado del río?» El «no» automático del fariseo debe rendirse ante el «sí» espontáneo del necesitado.

Sí, es una gran palabra en el vocabulario del andrajoso, especialmente como respuesta al mandamiento de Jesús: «¡Tengan coraje! Soy yo. No tengan miedo» (Marcos 6:50) y a las palabras del discípulo que Jesús amaba: «En el amor no hay temor, sino que el perfecto amor echa fuera el temor; porque el temor lleva en sí castigo. De donde el que teme, no ha sido perfeccionado en el amor» (1 Juan 4:18). Una pequeña andrajosa le da voz a la banda de andrajosos:

> El amor quita el temor, pero algunos de nosotros debemos primero ver el desafío de Juan desde otra dirección. Debemos dejar de tener miedo para dar lugar al amor. Podemos decirle a otra persona que la amamos sin dificultad. Pero si en el fondo de nuestra mente tenemos temores:
>
> «¿Me amará de veras? ¿Cómo podría?» o «Si la amo, ¿me devolverá su amor o me traicionará en algún momento?», no estamos entregándonos por completo. Somos cautelosos, sí, y quizás a veces esto sea

lo correcto. Después de todo, a nadie le gusta sufrir. Pero, ¿puede florecer el amor si hay duda y miedo? No.

Creo que lo mismo sucede con nuestro amor por Dios. La fe amorosa—entregarle nuestras vidas a Dios con total confianza—no puede existir cuando nos guardamos de algo por miedo, ya sea miedo al castigo o miedo a que todo sea un invento.

«Señor Jesús, hoy dejo de lado mis miedos y abro mi corazón a ti con total confianza».[2]

El anhelo por librarse del temor y el miedo lleva a los andrajosos a ser totalmente sinceros sobre este problema: reconocen la total incapacidad de generar confianza por sí mismos. Así que se entregan a la misericordia de Dios y se acercan al trono de la gracia con confianza porque «él librará al menesteroso que clamare, y al afligido que no tuviere quien le socorra. Tendrá misericordia del pobre y del menesteroso, y salvará la vida de los pobres» (Salmo 72:12-13).

Sin tener que arrastrar la pesada valija del miedo, los andrajosos, cansados y desgastados, sienten el aliento del testimonio del amado discípulo: «Y esta es la confianza que tenemos en él, que si pedimos alguna cosa conforme a su voluntad, él nos oye» (1 Juan 5:14). Luego de dar gracias por una taza de café caliente y un pan, el andrajoso descansa confiado en la promesa de Jesús: «Por tanto, os digo que todo lo que pidiereis orando, creed que lo recibiréis, y os vendrá» (Marcos 11:24). ¡Es el tipo de confianza que parece locura!

Sin excepción, la experiencia personal del amor de Jesucristo da lugar a la confianza. La dependencia total y la confiada entrega son la sístole y la diástole del corazón del andrajoso. Pero aunque los andrajosos tengan corazón blando, son de cabeza dura. No creen en un estado de ensueño, pontificando sobre la victoriosa vida del cristiano. Conforman la Iglesia mendiga, no la Iglesia triunfante. Reconociendo la realidad de sus empobrecidas vidas, saben que no pueden sobrevivir sin el divino regalo del pan cotidiano. Su seguridad depende de no tener seguridad alguna.

Los andrajosos jamás desprecian su pobreza material o espiritual porque se consideran ricos sin parangón. Han encontrado el tesoro (véase Mateo 13:44). Nada se compara con el Reino de Dios. A sus ojos, vale más que cualquier otra cosa. No hay forma de calcular su infinidad. Este es el secreto del andrajoso, el cual los cristianos nominales no entienden, pero por el que los mártires han entregado sus vidas. Por el bien del reino de Dios, miles y miles han visto confiscadas sus posesiones, arrasada su tierra, destruida su familia, su carrera y su buen nombre.

El nominal simplemente no lo comprende. Oye la Palabra de Dios, pero la misma no le habla en su interior. El mundo invisible no existe. La historia de amor de la Biblia es muy linda para los niños en la Escuela Dominical, pero no para un adulto pensante. La fe es una reliquia de la Edad Media. No se puede pagar el alquiler, cocinar la sopa o comprar una computadora con la religión. Lo que importa es el músculo, el intelecto, las conexiones y los batallones más fuertes. El resto es opio para los pueblos. El nominal no conoce el secreto. El tesoro está oculto a sus ojos. Los valores y el estilo de vida de la turba de andrajosos son simplemente incomprensibles.

Es sólo el andrajoso quien comprende de veras de qué se trata la vida. No hay esfuerzo demasiado grande, ni emprendimiento demasiado arriesgado, ni sacrificio demasiado doloroso por el bien del reino. El riesgo más grande, sigue siendo pequeño. Y sin embargo, al orar, a menudo experimenta el «vacío», la ausencia de Dios, pero no insiste en visiones y apariciones. Las experiencias espirituales fuera de lo común no son frecuentes en su pobreza interior. No ambiciona comodidad, ni consuelo espiritual. Vive en el Vacío pero conoce, junto con Bede Griffiths, que el Vacío está saturado de amor.

Los andrajosos son simples, directos y sinceros. No tienen un doble discurso. No claman: «Dios me dijo...» A medida que van por el mundo dan testimonio profético mudo, sin palabras.

Quizás el mayor logro del Espíritu Santo en la vida de un andrajoso es el milagroso pasaje del autorechazo a la autoaceptación. No se basa en terapias ni en el poder del pensamiento positivo: está anclado en su experiencia personal de aceptar a Jesucristo. No son santos, pero buscan crecimiento espiritual. Aceptan consejos y críticas constructivas. Tropiezan a menudo, pero no pasan horas recriminándose a sí mismos. Se arrepienten rápido, ofreciendo su error al Señor. Su pasado ha sido crucificado con Cristo y ya no existe, excepto en los profundos recovecos de la eternidad.

Inmersos en la pecadora condición humana, los andrajosos luchan por ser fieles a Jesús. Tomando su cruz cada día, luchan contra la fatiga, la soledad, el fracaso, la depresión, el rechazo y el dolor de descubrir que la persona en quien más confiaban les ha traicionado. El andrajoso siempre anda el camino que lleva al Calvario.

Los andrajosos llevan sobre sí las palabras de Francis Thompson, en su poema «El fanático del cielo»:

> Aunque sabía que era su amor el que seguía, me sentía
> con temor, porque al tenerle a Él, debía dejar todo lo
> demás detrás.

¿Es suficiente Jesús? ¿Su amor nos llega por medio de nuestro esposo o esposa, nuestros hijos o amigos, con toda su fuerza? ¿Debo buscar algo más? ¿Podrá el incesante clamor de mis adicciones, necesidades y deseos robar mi fuego de Prometeo? ¿Debo volver a andar por allí, en busca de Dios sabe qué cosa? Tengo un miedo en especial: el de que me haya sido otorgado un lugar en el banquete de bodas, y volver luego a la miseria y la suciedad, el frío y la oscuridad de las calles, el laberinto de la existencia centrada en mi propio ser. Esto me llena de miedo. Desde lo más profundo de mi corazón, oro, repitiendo las palabras de San Agustín: «Señor Jesús, no permitas que mienta cuando digo que te amo...y protégeme, porque hoy podría traicionarte».

La Iglesia andrajosa es un lugar de promesa y posibilidad, de aventura y descubrimiento; una comunidad de compasión que avanza, de extraños y exiliados en tierras lejanas que van hacia la Jerusalén celestial. Los andrajosos son un pueblo peregrino, que pernoctan en el hotel terrenal por una noche, sin desempacar su equipaje. Reagrupándose, volviendo a reunirse, debatiendo, sin asumir poses.

En su alabanza colectiva, rechazan la insidiosa inclinación a ir a lo seguro. La tendencia a atrincherarse, que se revela a sí misma como un aferrarse a lo probado y conocido, se discierne como señal de desconfianza en el Espíritu Santo. El aliento de Dios no puede embotellarse, y el Espíritu Santo no puede encerrarse en un edificio o en una cápsula. El andrajoso no se momifica, viviendo en el pasado y sin querer ver el presente. La creatividad y la flexibilidad no dan lugar a la repetición y la rigidez. La Iglesia andrajosa se siente cómoda en el silencio, en la quietud, escuchando con atención y sintiendo la divina presencia. «Estad quietos, y conoced que yo soy Dios» (Salmo 46:10). Esto no es meramente una sugerencia, sino un mandamiento divino.

PARA LOS ANDRAJOSOS, el nombre de Dios es misericordia. Vemos nuestra oscuridad como posesión preciada porque nos lleva al corazón de Dios. Sin la misericordia, nuestra oscuridad nos sumergiría en la desesperanza...y a algunos en la autodestrucción. Sólo el tiempo que pasamos a solas con Dios nos revela la profundidad de la pobreza de nuestro espíritu. Somos tan pobres que ni siquiera nuestra pobreza es nuestra. Pertenece al *mysterium tremendum* de un Dios amoroso. En oración bebemos los restos de esta pobreza. En un momento luminoso y repentino, vemos que la Misericordia nos toma y nos abraza, aun antes de que nosotros la aceptemos. Sin aferrarnos a nada, ni siquiera a nuestra naturaleza pecadora, venimos antes Jesús con las manos abiertas. Vertemos nuestra copa de amargo rechazo por nosotros mismos cuando desaparecemos en la tremenda pobreza que significa la adoración a Dios.

Nuestro encuentro con la Misericordia afecta profundamente nuestra interacción con los demás: «Bienaventurados los misericordiosos, porque ellos alcanzarán misericordia» (Mateo 5:7). Vemos más allá de las apariencias, debajo de la superficie, para reconocer a los demás como compañeros del quebranto. La carne humana hereda ataques, dentro y fuera, de pensamientos negativos y prejuiciados; pero no consentiremos a ellos porque Dios es misericordioso con nosotros. No permitiremos que estos ataques nos lleven al pecado de la preocupación por nosotros mismos, ni a la defensa propia. Nadando en el misericordioso amor del Cristo redentor, somos libres de reír ante la tendencia de arrogarnos superioridad espiritual. Somos libres de dar a otros la misericordia que hemos recibido.

Empapados de esta misericordia, los andrajosos pronto encuentran una excusa cuando un vecino está de mal humor, buscando la paz en lugar de la venganza cuando se le ataca con una flecha de ira: «Soportándoos unos a otros, y perdonándoos unos a otros si alguno tuviere queja contra otro.

De la manera que Cristo os perdonó, así también hacedlo vosotros. Y sobre todas estas cosas vestíos de amor, que es el vínculo perfecto. Y la paz de Dios gobierne en vuestros corazones, a la que asimismo fuisteis llamados en un solo cuerpo; y sed agradecidos» (Colosenses 3:13-15). El ejemplo es el Jesús agonizante, humillado y vituperado injustamente, que clamó por sus asesinos: «Abba, perdónalos, porque no saben lo que hacen» (Lucas 23:34).

El gran libro de los alcohólicos anónimos ofrece una bella historia de sabiduría para quienes se enfrentan con los errores de quienes buscan—intencionalmente o sin querer—causarnos daño:

Este era nuestro curso. Sabíamos que las personas que nos herían estaban quizás espiritualmente enfermas. Aunque no nos gustaban sus síntomas y el modo en que estos nos molestaban, ellos estaban enfermos, igual que nosotros. Le pedimos a Dios que nos ayudara a mostrarles la misma tolerancia, compasión y paciencia que le daríamos con gozo a un amigo enfermo. Cuando alguien nos ofendía, nos decíamos: «Está enfermo, ¿cómo puedo ayudarle? Dios, guárdame de enojarme con él. Hágase tu voluntad».[3]

Cuando hemos hecho un desastre con nuestras vidas, como sucede con los alcohólicos en recuperación, la compasión viene con mayor facilidad si estamos conscientes de nuestros propios errores, en lugar de ver los ajenos.

Con un Dios llamado Misericordia, no es de extrañar que la gratitud sea la actitud que más sobresale en nuestro viaje espiritual. No vamos por la vida sin conocer el precio pagado por nuestra liberación. La reflexión trae a la memoria diversos rescates y sanidades: «Si pudiéramos contar los miedos, grandes y pequeños, que nos acechaban y luego agradecer a Dios por cada miedo que jamás se concretó», observa John Kavanaugh, «no alcanzaríamos jamás a agradecerlo todo».[4]

¿Qué infalible garantía tenemos de que los andrajosos sean tratados en el juicio con infinita amabilidad e inconmensurable misericordia? La garantía de haber pasado la misericordia recibida a los demás, dice Jesús. Y se mantiene firme a su Palabra: «Bienaventurados los misericordiosos, porque ellos alcanzarán misericordia».

JESÚS DIJO: «Todas las cosas me fueron entregadas por mi Padre; y nadie conoce al Hijo, sino el Padre, ni al Padre conoce alguno, sino el Hijo, y aquel a quien el Hijo lo quiera revelar» (Mateo 11:27). Jesús es el Camino al Padre. Él es la Verdad dicha por Abba. Él es la Vida que se nos invita a compartir: Su vida con Abba.

«Porque el amor de Dios ha sido derramado en nuestros corazones por el Espíritu Santo que nos fue dado» (Romanos 5:5).

El mayor regalo que puede recibir un andrajoso de Jesús es la experiencia del Padre. Jesús nos dice que debemos ir ante Dios con la simpleza con que un niño se acerca a su papá. En un salmo conmovedor que expresa la confianza en Dios, digna de un niño, David dice: «En verdad que me he comportado y he acallado mi alma. Como un niño destetado de su madre; como un niño destetado está mi alma» (Salmo 131:2). El niño no es un infante, sino un niño destetado, de unos dos o tres años, que ha estado explorando los misterios de la linterna, el llavero y las monedas que ha dejado su padre sobre la mesa. El pequeño andrajoso repentinamente se cansa y va tambaleándose hacia los brazos de su madre. Consolado por sus afectuosas palabras, mientras ella le acaricia el cabello, el pequeño se duerme, tranquilo y confiado.

Jesús nos invita a ser como el niño, que a los tumbos avanza hasta los brazos de Abba y deja que él le ame. Aunque, como observa Alan Jones: «La parte más difícil de la fe madura es la de permitirnos ser el objeto del deleite de Dios».[5]

Hace cuatro años asistí a un retiro liderado por un estudioso de la Biblia, de ochenta y dos años, llamado Frank Montalbano. Había estado enseñando sobre el Nuevo Testamento durante muchos, muchos años. Se concentró en mi pasaje favorito de la Biblia, Lucas 15:20. Aquí está la traducción que hace él de este pasaje: «Mientras aún estaba lejos, su padre le vio y se llenó de compasión por él; corrió hacia su hijo, le abrazó, le besó y no podía dejar de besarle». Muchos de nosotros, los andrajosos, quizás seamos poco afectuosos y taciturnos, pero cuando se trata de aceptar cariño y besos, dejamos la timidez a un lado.

Sentada sobre un sillón color azul en mi oficina, hay una muñeca de trapo. Durante los últimos diez años, el misterio de los andrajosos me ha atrapado con un poder inusual. Después de pasar muchas horas orando y meditando sobre las Escrituras y sobre la acuciante pregunta: «¿Quién soy yo?», un Dios de gracia me ha dado la luz para que me vea como realmente soy. Ahora tengo una identidad primaria, y un sentido coherente de mí mismo. Afecta mi intimidad con Dios, mi relación con los demás, y mi amabilidad conmigo mismo. Por eso, quiero que mi epitafio cuando muera sea:

BRENNAN MANNING
ANDRAJOSO DE ABBA

19 misericordias: un retiro espiritual

Bienvenido, andrajoso...

Le invito a esta breve jornada de lectura, oración y contemplación. Cada entrada en este retiro espiritual es una invitación para que pueda conocer y experimentar en una manera más auténtica el amor de Jesucristo por el poder del Espíritu. Una vez que le haya dado a Cristo su corazón por completo, oro porque usted se convierta en representante de su gracia en este mundo, guiando a otros al amor incomparable de nuestro Abba, Padre.

Deseo para usted el despertar que experimenté hace muchos años en una temporada espiritual que pasé en el desierto de Zaragoza, España. Una noche fui a la capilla para orar. El mundo estaba dormido, pero mi corazón estaba despierto ante el Señor y estuve de pie delante del crucifijo por un largo tiempo. Luego, en fe, oí decir a Jesús: «Por amor a ti, dejé a mi Padre y vine a ti, que escapaste de mí, que huiste de mí, que no querías escuchar mi nombre. Por amor a ti, fui cubierto con saliva, golpeado, azotado y clavado en el madero de la cruz».

Vi, en sentido figurado, sangre brotando de cada herida y

225

cada poro del cuerpo de Cristo. Y oí el clamor de su sangre: «Esto no es un juego. No es un asunto de risa para mí, que te he amado». Cuanto más miraba, más me daba cuenta de que ningún hombre me ha amado jamás, ni ninguna mujer me podría amar como él lo hace.

Salí a la oscuridad y le grité a la noche: «Jesús, ¿estás loco? ¿Estás desquiciado para haberme amado tanto?»

El día que me uní a la orden, un viejo franciscano me dijo: «Una vez que se llega a experimentar el amor de Jesucristo, nada más en el mundo parecerá hermoso o deseable». Esa noche supe a qué se refería.

Por lo tanto, mi amigo, deseo que pueda recibir en las siguientes páginas diecinueve misericordias (¡por lo menos!) de su amado Padre. Cada una de ellas es un don inmerecido. Disfrútelas profundamente. Escuche al Espíritu y obedezca. Sólo entonces puede seguir adelante. Verá que las lecturas están dispuestas en la secuencia natural de una relación creciente: Venga, encuentre, sirva y confíe.

«Pero Brennan», puede que usted diga, «sus misericordias son innumerables. Son nuevas cada mañana. ¿Por qué sólo diecinueve?»

A lo que yo respondería: «Porque sus misericordias son realmente innumerables y todos los libros del mundo no pueden contenerlas. Además, mi estimado compañero vagabundo, estas pocas misericordias preciosas son suficientes para empaparle de maravilla para toda la vida, mostrarle el Cristo de su jornada y sanar su corazón... si usted lo permite».

Oh Dios, Padre nuestro, sé con nosotros, los menores
de tus discípulos, en cada página de esta jornada,
en cada pensamiento y en cada emoción. Seguimos
adelante en el nombre de tu Hijo, Jesucristo. Guíanos
en el misterio del amor en el corazón de tu Hijo

crucificado, el amor que excede todo conocimiento
y comprensión. Cúbrenos con tu hermosura.
Concédenos la gracia de la verdadera conversión,
para romper radicalmente con la oscuridad en
nuestras vidas y avanzar hacia la Luz, que es tu
Hijo, Jesús, que vive y reina contigo y el Espíritu
Santo, un solo Dios por los siglos de los siglos. Amén.

Venga

1. Esté aquí, ahora

Y aquí, al comienzo, debemos empezar de nuevo, ¿no cree? Todas las cosas son nuevas, incluso esta historia ahora familiar.

Imagine...

Usted está siendo perseguido por un tigre feroz. Usted corre lo más rápido que puede, pero llega al borde del acantilado. Da un vistazo atrás y ve al tigre a punto de saltar. Por dicha, también ve una cuerda colgando al borde del acantilado. Usted la agarra y se guinda de ella, fuera del alcance del tigre. ¡Se escapa por un pelo!

Pero ahora ve hacia lo profundo. Unos ciento cincuenta metros abajo se ven rocas filosas. Así que mira hacia arriba. Ve al tigre, agazapado, esperando... y también dos ratones hambrientos, royendo la cuerda.

¿Qué hacer?

Cerca de allí, de cara al acantilado, observa una fresa. Con cuidado, la alcanza, la saca y se lo come. «¡Mmm!», exclama. «¡Esta es la fresa más *deliciosa* que he probado en toda mi vida!»

¿Qué nos dice esta historia? ¡Aproveche el don de este momento! Si se preocupa con las rocas abajo o el tigre arriba—con su pasado o su futuro—va a perder la fresa que Dios quiere darle en el presente momento.

En las lecturas siguientes le pido que haga un esfuerzo serio por permanecer arraigado al momento. Discipline su tiempo, sus pensamientos, sus emociones. No permita que las ansiedades o las distracciones desvíen la obra del Espíritu en su vida. Esté aquí, ahora. Entonces, el Dios que viene lo encontrará a usted en el presente: esperando, escuchando y listo para recibir los dones de él.

Lectura: Salmos 139.

¡Cálmate a ti misma, oh alma mía,
para que lo divino pueda actuar en ti!
¡Cálmate a ti misma, oh alma mía,
para que Dios pueda reposar en ti de manera
que su paz te cubra!

Søren Kierkegaard

2. No espere

Una de las historias más bellas de los evangelios es la de la relación de Cristo con María Magdalena, sobre todo el encuentro descrito en Lucas 7. Suponiendo que es la pecadora mencionada, imagínese la escena cuando ella entra en la habitación donde Jesús y su anfitrión, Simón el Fariseo, están reclinados. Ella—«una mujer que había llevado una vida de pecado»—duda ante tan impresionante reunión religiosa. Agarrando su frasco de alabastro de perfume, comienza a llorar.

Tal vez usted sabe lo que pasó después. «Llorando, comenzó a regar con lágrimas sus pies», registra Lucas, «y los enjugaba con sus cabellos; y besaba sus pies, y los ungía con el perfume» (v. 38).

¿Qué atrajo a María para que hiciera su hermoso acto de adoración? Creo que simplemente estaba abrumada por la belleza y la compasión de aquel atractivo hombre, ¡Jesús! Y me imagino que los ojos de este la llamaron: María, ven a mí. Ven ahora. No esperes a corregir tus errores y tener la cabeza bien puesta. No demores hasta que rescates tu reputación, hasta que estés libre de orgullo y lujuria, de celos y odio a ti misma. Ven a mí ahora en tu quebrantamiento y pecaminosidad. Ven ahora, con todos tus miedos e inseguridades. Te amaré tal y como eres, tal y como eres, no como crees que deberías ser.

El creativo poder del amor de Jesús llamó a María Magdalena a considerarse a sí misma como lo hacía él, a ver en sí misma las posibilidades que él veía en ella. La vida de María representa la verdad central de que a través del amor es posible ser liberado de las profundidades más bajas a las alturas resplandecientes donde mora Dios.

Mi amigo, no espere. Venga ahora, tal como es, a escuchar la invitación de él y a recibir su amor.

Lectura: Lucas 7:36-38.

Adorar es reconocer la totalidad del objeto y la nada del adorador. Adoración es el insignificante que está extasiado y expira gustosamente en presencia del infinito.

PÈRE SERTILLANGES

---

3. Jesús quiere establecer una relación profunda con usted

Si usted creció en la escuela dominical, recuerda la historia de Jesús cuando llama a un hombre pequeño llamado Zaqueo para que baje de un árbol con la noticia de: «Zaqueo, quiero cenar en tu casa hoy». En la tradición judía, decir «yo quiero cenar contigo» significa «quiero establecer amistad contigo». Incluso hoy, un judío ortodoxo no le invitará a su casa a cenar, a menos que quiera establecer amistad con usted o profundizar la ya existente. Es un encuentro muy sagrado. (Por cierto, es bueno recordar eso cada vez que reciba la comunión. Jesucristo es el Anfitrión y cuando le invita a venir a su mesa está declarando: «Yo quiero tener una amistad más profunda contigo»).

Como también podrá recordar, Zaqueo era un truhan irrespetado y codicioso. Cobraba impuestos a su propio pueblo para Roma y retenía una porción para su peculio. Por su respuesta entusiasta a Jesús, podemos deducir que no era invitado a «profundizar la amistad» muy a menudo. Cuando Pedro se retuerce las manos por la infortunada elección social de Jesús, este le recuerda a Pedro—y a nosotros también—su misión y le dice: «Porque el Hijo del Hombre vino a buscar y a salvar lo que se había perdido» (ver Lucas 19:10).

El evangelio no es para los tipos buenos con sombreros blancos. Es para hombres y mujeres pobres, pecadores, débiles con faltas hereditarias y talentos limitados; gente como usted, como yo. Y en el Día del Juicio, nuestras vidas se medirán solamente en términos de nuestra relación personal con el Jesús resucitado. El Señor va a hacer una pregunta a cada uno de nosotros que abarcará todas las demás: «¿Creíste que yo te amaba? ¿Que te deseaba? ¿Que te esperaba día tras día?»

Lectura: Lucas 19:1-10.

Que solo tú me ilumines, sólo tú me hables.
Que todo lo que sé aparte de ti sea nada más que un
compañero ocasional de viaje en el camino hacia ti.

Karl Rahner

4. Clame por el Espíritu

Sólo el Espíritu de Jesucristo puede lograr las profundas realidades interiores de una fe más profunda, una conversión real del corazón, una ruptura radical con el pecado, una confianza más temeraria, un corazón más lleno de amor e indulgente. Así que le insto a pasar tiempo suplicando por más de su Espíritu y leyendo más de su Palabra.

No asuma que el Espíritu actuará en su vida sin que usted tome la iniciativa. Clame por un gran derramamiento del Espíritu Santo. Donde quiera que usted esté—en la iglesia o en casa, solo o con otros, viendo la televisión, acostado en la cama o manejando al trabajo—ore continuamente por más del Espíritu de Jesucristo.

Luego, haga tiempo para leer el Nuevo Testamento a solas. Todos los días, si es posible, pase treinta minutos—cuando esté más atento—en la lectura con actitud de oración. Allí es cuando, en mi experiencia, el Señor le hablará a su corazón la palabra que quiere que solo usted escuche.

> *Oh Dios, te busco, pero mi corazón es voluble. Creo;*
> *por favor, ayuda mi incredulidad. Cuando todo lo*
> *que puedo hacer es quererte a ti, toma mi migaja*
> *de fe y pártela como el pan para alimentar a miles,*
> *empezando, por tu misericordia, conmigo. Tú no*
> *rechazas al hijo desesperado, pecador, que te busca.*
> *Tú sólo dices y siempre lo dices: ¡Ven! Vengo a ti, Dios.*
> *Derrama tu Espíritu sobre mí. Habla tus palabras*
> *de vida a este hijo. Oro en el nombre de Jesús, amén.*

Encuentre

5. La Persona de Jesús

¿Quién es este Jesús de Nazaret, este carpintero nazareno en cuyo nombre los vastos sistemas teológicos se han desarrollado, las iglesias de todo el mundo se han organizado, las cruzadas, reformas y renovaciones se han puesto en marcha?

Los concilios de la Iglesia han brindado sus opiniones, como lo han hecho los historiadores, teólogos, emperadores, directores de cine y todo tipo de creyentes y escépticos.

Pero otras personas no pueden responder en nuestro nombre. Usted debe contestar y responder por sí mismo. De igual manera yo. Jesús planteó la pregunta a sus discípulos:

«Y vosotros», preguntó, «¿quién decís que soy?» Pedro respondió: «Tú eres el Cristo» (Marcos 8:29).

Mi compañero de camino, le pido: Describa el Cristo que usted ha encontrado personalmente en los términos de su propio ser. Descríbalo como lo haría a un amigo con quien toma un café. No describa la deidad de la que ha oído hablar o le han enseñado a creer que existe, sino al Cristo que realmente ha encontrado.

Luego, le invito a reflexionar con seriedad sobre lo que su propia respuesta le revela.

Lectura: Marcos 8:27-30; Romanos 10:8-13.

Pido a Dios para que conforme a las riquezas de su gloria, los fortalezca con el poder de su Espíritu en el hombre interior, para que Cristo habite en sus corazones por la fe. Y pido que, arraigados y cimentados en el amor, tengan poder... para captar cuán ancho, largo, alto y profundo es el amor

de Cristo, y conocer este amor que excede todo conocimiento;
que seáis llenos a la medida de toda la plenitud de Dios.

EL APÓSTOL PABLO

6. El llamado de la cruz

Recibir a la Persona de Jesús en todos los rincones de nuestras
vidas como el Cristo es el principio de la transformación de
un andrajoso. Pero nuestra transformación surge de un hecho
absurdo: este Jesús de nuestra jornada es un Dios crucificado.
Sí, el mensaje de la cruz es completamente absurdo para aquellos que se dirigen a la ruina. Pero para nosotros que estamos
experimentando la salvación, inexplicablemente, es a la vez el
poder y la sabiduría inescrutables de Dios.

La pasión de Jesús es un hecho desagradable en la historia.
Pero si vamos a continuar toda nuestra vida bebiendo del
agua que da la vida del Espíritu Santo, debemos seguir acer-
cándonos al cuerpo de nuestro Señor crucificado, de quien
fluyen las aguas salvadoras. La unión con Jesús en cl misterio
de su pasión y muerte es la condición indispensable para experimentar el poder y la sabiduría de Dios en nuestras vidas.
Esto es lo que Pablo quiere decir cuando escribe en Filipenses:
«a fin de conocerle, y el poder de su resurrección, y la partici-
pación de sus padecimientos, llegando a ser semejante a él en
su muerte» (Filipenses 3:10). El mismo día en que dejemos de
anunciar a Jesucristo clavado en la cruz nos separaremos, efec-
tivamente, del evangelio.

Y el llamado a cada discípulo es también a la cruz. Pablo
dijo a los gálatas: «No pueden pertenecer a Cristo Jesús a
menos que crucifiquen todos los deseos y pasiones autocom-
placientes» (ver Gálatas 5:24). El autodominio sobre toda
forma de pecado, egoísmo, deshonestidad emocional y amor

degradado es el camino menos transitado a la libertad cristiana. Pero no hay crecimiento sin dolor ni integridad sin autonegación. (Por supuesto, ninguna de las dos búsquedas es particularmente atractiva aparte del amor personal de Jesucristo.)

Escuche lo que Jesús le dice desde la cruz: «Me muero por estar contigo. Realmente, muero por estar contigo».

Y luego le susurra: «¿Vas a morir un poco para estar conmigo?»

Lectura: 1 Corintios 1:18—2:5; Filipenses 3:7-11.

Nadie, me parece, que haya comprendido plenamente la crucifixión puede nunca más tomar en serio cualquier expresión o instrumento del poder mundano, aunque sea venerable, brillante o aparentemente formidable.

MALCOLM MUGGERIDGE

7. A través de Jesús conocemos a Abba

¿Quién es el Dios de su imaginación?, en serio. ¿Es el invisible presidente honorario del espacio exterior? ¿El gran Verdugo del cielo? ¿El policía que le golpea en la cabeza con su porra cada vez que tropieza y cae? ¿El funcionario de aduanas exasperante que rebusca en su maleta moral en busca de sus buenas y malas obras? ¿El matón omnipotente que invade para robarle la paz y la alegría?

Todas esas son proyecciones humanas comunes. Por proyección, quiero decir que estamos imponiendo en Dios nuestro propio pobre entendimiento de él. ¡Qué costoso engaño! Orar a cualquier otro Dios que no sea un Padre que halla deleite en la reconciliación es ilusión, cobardía y superstición. Peor aún, es idolatría.

El verdadero Dios no es otro que el que vemos en la persona de Jesús. Jesús vino para hacer al Dios invisible visible y audible: «El que me ha visto a mí, ha visto al Padre», dijo (Juan 14:9). ¿Quiere saber cómo es su Padre celestial? Mire los ojos de Jesús. Jesucristo solamente nos muestra la revelación completa y sorprendente del Padre. Jesús es el rostro humano de Dios.

Un día, los discípulos le pidieron a Jesús: «Señor, enséñanos a orar».

Jesús les respondió: «Cuando oren, digan: Padre nuestro...»

Padre nuestro.

Palabras que nos son familiares, ciertamente. Pero para los doce apóstoles, eran palabras revolucionarias, nunca escuchadas por profetas y sacerdotes que les precedieron. En esa revelación de Jesús, todas las falsas imágenes de Dios son expulsadas.

¿Cree usted que Dios es su Padre o todavía piensa que esas noticias son demasiado buenas para ser verdad?

Lectura: Juan 14:6-11.

Sé tú mi visión, oh Señor de mi corazón,
Salvo lo que eres, todo lo demás es nada para mí.
Tú, mi mejor pensamiento de día y de noche,
Despierto o durmiendo, tu presencia es mi luz.
Sé tú mi sabiduría, tú mi palabra verdadera;
Yo siempre contigo, tú conmigo, Señor.

ORACIÓN IRLANDESA DEL SIGLO OCTAVO

8. El Dios que es amor

Un segundo mensaje radical de Jesús acerca del Padre es que Dios es amor. Suena casi trivial, ¿no es así? Sin embargo, un estudio comparativo de las religiones del mundo mostrará cuán llamativa y novedosa es la afirmación cristiana de que Dios es amor.

Eso significa que todo lo que Dios hace es amar. No sólo que Dios es amor, sino que Dios es amoroso, de hecho, que Él siempre actúa de una manera amorosa. Así como el sol brilla solamente, confiriendo su luz y calor sobre aquellos que los reciben, así Dios ama solamente, derramando su luz y calor sobre aquellos que los reciban.

Todos los cambios en la calidad de la vida de un cristiano provienen de un cambio en la visión nuestra de la realidad. Jesús dijo: «Y conoceréis la verdad, y la verdad os hará libres» (Juan 8:32).

Por lo tanto, me pregunto: ¿De verdad creen que Dios es inmutable, inalterablemente amoroso? ¿Y ha dejado que le cambie su visión personal de la realidad... cada rincón oculto y sombra vergonzosa e intenso deseo de ella? Su transformación personal empieza aquí.

Cuando yo era un niño tenía la idea ingenua de que cuando iba a la confesión, Dios tenía el ceño fruncido por mí porque yo había sido malo. Tan pronto como confesaba mis pecados, Dios comenzaba a sonreír de nuevo. De alguna manera mi confesión implicaba un cambio en Dios. ¡Qué absurdo! Mi confesión sólo implica un cambio en mí.

Ahora entiendo las cosas de manera diferente. Algo más como esto: Usted y yo estamos de pie bajo la luz de un reflector en medio de la plataforma de una iglesia; el resto de la iglesia está en la oscuridad, pero estamos en la luz brillante. Para mí esta escena es una buena imagen de andrajosos que viven en un estado de gracia. Ahora, supongamos que usted o yo cometemos un pecado grave deliberadamente. ¿Qué sucede? Nos movemos hacia las sombras, pero la luz sigue siendo brillante. El amor de Dios nunca cambia, nosotros simplemente optamos por alejarnos de ella. Cuando nos arrepentimos, regresamos a la luz del amor de Dios, que siempre ha estado allí.

Lectura: 1 Juan 4:7-16.

La gracia es la majestad, la libertad, el no merecimiento, lo inesperado, lo nuevo, la arbitrariedad, en la que una relación con Dios y, por lo tanto, la posibilidad de conocerlo se abre a hombre por el mismo Dios... La gracia es la buena voluntad de Dios.

KARL BARTH

9. Dios le ama incondicionalmente

Por último, la sorprendente revelación de Jesús acerca de su Padre revela que usted y yo somos amados por Dios incondicionalmente, tal y como somos.

Piense en esto conmigo. Su Padre Dios le ama como usted es, no como debería ser. Él le ama más allá de la fidelidad y la infidelidad, más allá de la dignidad y la indignidad. Él le ama en el sol de la mañana y la lluvia por la noche. Él le ama por igual en su estado de gracia y en su estado de desgracia. Él le ama sin precaución, arrepentimiento, frontera, límite o punto de ruptura. No importa lo que pase o lo que usted haga ... ¡Él no puede dejar de amarle!

Una vez yo estaba a punto de salir en un viaje a la ciudad de Nueva York con dos amigos, Paul y Jenny. Paul, un banquero que tenía negocios en la ciudad, había invitado a su esposa a venir con nosotros. Pero en su casa, justo antes de irnos para el aeropuerto, su hija Marie, de tres años de edad, comenzó inesperadamente con una fiebre leve.

Jenny se volvió hacia Paul.

—No podemos ir a Nueva York—dijo.

Paul trató de tranquilizarla.

—Jenny, ella tuvo eso dos veces el año pasado—abogó él—. Su temperatura sube un poco, luego, en pocas horas se vuelve a la normalidad. Además, mis padres están aquí para cuidar de ella, ¿recuerdas? ¡Vamos!

A regañadientes, Jenny estuvo de acuerdo y nos fuimos para el aeropuerto.

Ahora, esto es lo que más recuerdo de ese viaje:

Todavía estábamos en el coche de camino al aeropuerto cuando Paul dijo:

—Cariño, sólo piensa, ¡esta noche vamos a quedarnos en el Hotel Plaza!

—¡Oh, eso es maravilloso!—respondió Jenny—. No hemos estado allí desde nuestra luna de miel. Y tan pronto como llegue al aeropuerto, voy a llamar a casa y veo cómo está Marie.

Unos minutos después, Paul dijo:

—Y, cariño, ¡mañana por la noche vamos a ir a ver la obra de teatro *Chicago*! Luego vamos a cenar en Sardi's.

—Oh, he leído en la revista *Gourmet* que si vas a Sardi's, tienes que comer su filete de ternera—dijo Jenny—. Eso es lo que voy a pedir. Y puedo llamar a casa todas las noches de la Plaza y ver cómo está Marie.

Nueve veces en los siguientes veinte minutos, Jenny Sheldon espontáneamente trajo su preocupación por el bienestar de su hija a la conversación, ¡y ni siquiera habíamos dejado la ciudad todavía!

Escuche, mi hermano y hermana, Jesucristo vino a

decirnos que es más probable que Jenny Sheldon olvide su bebé Marie ¡a que Dios se olvide alguna vez de usted! Si usted tomara el amor de todas las mejores madres y padres que han vivido (piense en eso por un momento), toda la bondad, gentileza, paciencia, fidelidad, sabiduría, sensibilidad, fuerza y amor, y uniera todas esas virtudes en una persona, esa persona sería sólo un pálido reflejo del amor y la misericordia en el corazón de Dios para usted y para mí.

Lectura: Isaías 49:15-16; Lucas 15:11-33.

La gran batalla espiritual comienza—y nunca termina— con la reivindicación de nuestra condición de pueblo elegido. Mucho antes de que cualquier ser humano nos vea, nosotros somos vistos por los ojos amorosos de Dios. Mucho antes de que nadie nos escuche llorar o reír, somos escuchados por nuestro Dios, que es todo oídos para nosotros. Mucho antes de que cualquier persona nos hablara en este mundo, la voz del amor eterno nos habla. Nuestro preciosismo, singularidad e individualidad no nos son dados por los que nos conocen en el formato del tiempo— nuestra breve existencia cronológico—sino por aquel que nos ha elegido con un amor eterno, un amor que existió desde toda la eternidad y durará por toda la eternidad.

HENRI J. M. NOUWEN

10. Clamamos, «¡Abba!»

Un rabino me invitó a un *bar mitzvah* en su sinagoga. Durante la cena vi como el hijo de cuatro años de edad del rabino terminó lo que tenía que comer, se aburrió y se alejó de la mesa. Pero no se había alejado mucho antes de que el niño de repente pareció orientarse. Dando la vuelta en estado de pánico, buscó hasta que vio a su padre a la cabecera de la mesa. Entonces corrió tan rápido como sus pequeñas piernas se lo permitieron. A medio metro de la mesa, se arrojó al regazo de su padre gritando, «Ab... Ab... ¡Abba!»

Incluso hoy en día, Abba es la primera palabra que la mayoría de los niños israelíes aprenden: ¡Abba! ¡Papá! ¡Papi!

Jesús dice que esa es la verdadera postura del cristiano oración, la de un niño, huyendo hacia el regazo de su padre, llamando, «¡Papá! ¡Papá!» «¡Papi! ¡Papi!», durante esas horas devastadoras en el jardín, Jesús exclamó: «¡Abba, Padre...!» (Marcos 14:36). Y el apóstol Pablo nos recuerda que todos los hijos e hijas de Dios han recibido el mismo Espíritu, «por el cual clamamos: ¡Abba, Padre!» (Romanos 8:15).

¿Ve usted por qué la revelación de Jesús de la naturaleza de Dios es tan revolucionaria? ¿Por qué ningún cristiano puede decir que una forma de oración es tan buena como la otra, o que una religión es tan buena como la otra? Lo que Jesucristo revela es que el Dios en cuya presencia Moisés tuvo que quitarse los zapatos, el Dios de cuyos dedos cayó este universo, el Dios al lado del cual la grandeza del Cañón del Colorado es sólo un vistazo, el Dios al lado del cual el poder de la bomba nuclear es como nada, este Dios infinito, santo que Jesús anuncia, podemos atrevernos a tratar con intimidad. Con la misma ternura, familiaridad y reverencia, de hecho, como un niño que vuela al regazo de su padre mientras grita: «Pa... Pa... papá!».

Lectura: Gálatas 3:26-4:7.

Nos hacemos lo que somos por la forma
en que nos dirigimos a Dios.

THOMAS MERTON

11. La oración de consideración simple

Usted no tiene que entrar en un monasterio trapense o ir al desierto para aprender la oración contemplativa. Comience aquí: Pase cuarenta minutos al día en el horario idóneo orando sencilla y reverentemente, «Abba … Te pertenezco».

Cuando inhale, diga: «Abba».

Cuando exhala «Te pertenezco», la oración tiene exactamente las sílabas que se corresponden perfectamente con el ritmo normal de nuestra respiración. En tres meses, usted habrá arribado a la oración de consideración simple.

Usted puede hacer esta oración viendo la televisión, en la cama, conduciendo al trabajo, comer la cena, aquí sentado en la capilla. A menudo orar mientras yo predico.

Abba… te pertenezco.

Abba… te pertenezco.

Abba… te pertenezco.

Esta simple expresión de adoración y sumisión infunde en nuestro ser una profunda conciencia de lo que somos, un hijo o hija del Padre en Cristo Jesús por el poder del Espíritu Santo. Y al afirmar esto una y otra vez a través de nuestro día, también recibimos un sentido del por qué estamos aquí y hacia dónde vamos.

> *Señor Jesús, sé para mí el camino a Abba, Padre. Sé*
> *para mí toda mi verdad y toda mi vida. Guíame*
> *hacia la vida crucificada, que es la vida real y*
> *eterna. Guíame lejos de toda cosa menor. Por*
> *tu amor, renueva mi ser interior de manera que*
> *pueda recibir tu amor, y conocerlo verdaderamente,*
> *y ser tu amor para los demás. Amén.*

Sirva

12. La libertad de servir

¿Qué imagen viene a su mente cuando piensa en la retorno de Jesucristo en gloria? En Lucas leemos el propio testimonio de Jesús de que cuando él vuelva en gloria, vendrá como un servidor del pueblo de Dios». «Bienaventurados aquellos siervos a los cuales su señor, cuando venga, halle velando; de cierto os digo que se ceñirá, y hará que se sienten a la mesa, y vendrá a servirles» (Lucas 12:37).

Esta inversión sin precedentes y escandalosa de los valores del mundo—un Mesías triunfante que viene a servir—les muestra a los cristianos el camino a la gozosa libertad que hay en servir:

- en la libertad soberana de preferir ser el siervo,
  en lugar del señor de la casa;

- para burlarse alegremente de los dioses del
  poder, prestigio, honor, y reconocimiento;

- negarse a tomarse en serio a sí mismo, y es más,
  negarse a tomar en serio cualquier otra persona
  que se tome serio a sí misma;

- ser cautivado con alegría y maravilla ante la visión y estilo de vida de Jesús, siervo de Dios.

Estas actitudes revolucionarias de compasión y altruismo llevan el sello del verdadero discipulado. Pero nunca debemos confundirlas con sentimentalismo de ojos llorosos. La compasión es una espiritualidad de carne, no de leche; de amor, no de masoquismo; de justicia, no de filantropía. Se requiere madurez, un gran corazón, una disposición a arriesgar, e imaginación. Las obras poco atractivas y poco difundidas de misericordia, alimentación y dar alojamiento, visitar a los enfermos y encarcelados, educar, corregir, estimular, sobrellevar los males, asesorar, consolar y orar con las personas encarna el estilo de vida del reino.

Personalmente, mi amigo, me gustaría ser contado entre los pocos harapientos que aprenden de Jesús el servicio gozoso que estar entre los legalistas, los moralistas y los súperexigentes que construyen monumentos de corrección religiosa ... y luego no pueden ver por encima de ellos a un hijo de Dios que los necesite.

Lectura: Gálatas 5.

> *La gente tiene hambre de Dios.*
> *La gente está hambrienta de amor.*
> *¿Es usted consciente de eso?*
> *¿Sabe usted eso? ¿Ve usted eso?*
> *¿Tiene ojos para ver?*
> *Muy a menudo miramos pero no vemos.*
> *Todos estamos de paso por este mundo.*
> *Tenemos que abrir los ojos y ver.*

MADRE TERESA

13. Sanidad al compartir el alimento

El servicio cristiano no es una emoción o un estado mental. Es la decisión de vivir la vida de Jesús. No tiene nada que ver con lo que sentimos y todo que ver con lo que hacemos.

Reflexionando de nuevo en la comida de Jesús con Zaqueo (ese pequeño estafador y canalla), debemos darnos cuenta de que apenas podemos apreciar el escándalo que Jesucristo causó. En el judaísmo del primer siglo, el entablar amistad a la mesa con mendigos, recaudadores de impuestos y prostitutas era un tabú religioso, social, y cultural. ¡Y no escapó de la atención de los fariseos el que Jesús tuviera en realidad la intención de hacerse amigo de Zaqueo! Él estaba no sólo quebrantando la ley; estaba rechazando la estructura misma de la sociedad judía.

Ahora trate de imaginar el impacto de estas comidas desde el punto de vista de Zaqueo y otros de su calaña humilde. Al aceptarlos como amigos e iguales, Jesús removió su vergüenza, humillación y culpa. Al compartir el pan con ellos, les demostró que le importaban en primer lugar como personas. Al conversar solícitamente con ellos restauró su dignidad y los liberó de viejos cautiverios.

¿Cómo, amigo mío, hemos de responder personalmente a estas dramáticas opciones sociales de nuestro Señor? Propongo esto:

Que también consideremos el poder curativo de una comida compartida.

Que debemos dar la bienvenida a los pecadores en nuestra comunidad de salvación.

Que, con alegre abandono, debemos dispersar por todos los medios posibles el amor indiscriminado de Dios.

Lectura: Lucas 5:27-32; Romanos 12:9-16.

*Dios ama lo que en nosotros aún no
es. Lo que aún está por nacer.
Lo que nos gusta en una persona es lo que ya es:
virtud, belleza, valor y, por lo tanto, nuestro amor
es egoísta y frágil. Dios, amando lo que todavía
no es y poniendo fe en nosotros, continuamente nos
engendra, ya que el amor es lo que engendra.*

Al darnos confianza, Dios nos ayuda a nacer, ya que el
amor es lo que nos ayuda a salir de nuestra oscuridad
y nos acerca a la luz. Y esto es una cosa tan buena
de hacer que Dios nos invita a hacer lo mismo.

CARLO CARRETTO

14. Lavar los pies

Una mañana en un centro de retiro, yo estaba leyendo el pasaje de Juan 13 que describe a Jesús lavando los pies de sus discípulos cuando fui transportado de repente en la fe al aposento alto. Y allí tomé el lugar de Judas.

El Siervo Jesús apenas había atado una toalla alrededor de su cintura y vertió agua de una jarra en un lavabo de cobre. Él se aproximó para lavarme los pies. Involuntariamente, me alejé. Ni siquiera podía mirarlo. Sabía en mi corazón que yo había traicionado su visión, había sido infiel a mi sueño y por lo tanto infiel a su plan para mi vida.

Pero Jesús puso su mano en mi rodilla y dijo:

—Brennan, ¿sabes lo que estos años juntos han significado para mí? Tú estabas siendo sostenido, incluso cuando creías que no te estaba sosteniendo. Te amo, mi amigo.

Las lágrimas corrían por mis mejillas.

—Pero, Señor, mis pecados, mis repetidos fracasos, mis debilidades—protesté.

—Entiendo—dijo—. Brennan, Yo esperaba más fracaso de ti de lo que tú esperabas de ti mismo.

Él sonrió, y luego dijo:

—Tú siempre volvías. Nada me agrada tanto como cuando confías en mí, cuando permites que mi compasión sea mayor que tu pecado.

—Pero, Jesús—dije bruscamente—, mis defectos irritantes

de carácter, la jactancia, el inflar la verdad, las pretensiones, la impaciencia, todas las veces que me emborraché...

—Lo que estás diciendo es verdad, Brennan. Sin embargo, tu amor por mí nunca vaciló y tu corazón se mantuvo puro. Y, además, tú has hecho una cosa que me hace olvidar todo lo demás.

Me incliné hacia delante, desconcertado.

—¿Qué?—le pregunté.

Jesús respondió:

—Tú has sido bondadoso con los pecadores...

Lloré con tanta fuerza que el sacerdote en la habitación contigua en la retiro se acercó y golpeó a mi puerta para ver si me pasaba algo. Le aseguré que yo estaba bien, y regresé a la oración.

Entonces oí a Jesús decir: «Ahora me voy. Yo sólo lavé tus pies. Haz lo mismo con los demás. Sirve a mi pueblo con humildad y con amor. Vas a encontrar la felicidad si lo haces. Paz, mi amigo».

Lectura: Juan 13:1-17.

> *¿Por qué has despertado en mí la llama de la fe, esta luz oscura que nos atrae de la seguridad brillante de nuestras pequeñas chozas hacia tu noche? ¿Y por qué me has hecho tu sacerdote, uno cuya vocación es estar contigo a favor de los hombres, cuando mi finitud me hace jadear en busca de aire en tu presencia?*

KARL RAHNER

15. Libertad de su propio desprecio

El odio a sí mismo es un enorme obstáculo para amar a otras personas. Por lo general, no gustamos de otros no porque nos amamos demasiado a nosotros mismos, sino porque no somos capaces de amarnos lo suficiente. Nosotros tememos y desconfiamos de otros porque nos sentimos inadecuados. Nos escondemos detrás de la ira, el sarcasmo, o sentenciamos juicio porque estamos convencidos de que no nos medimos a nosotros mismos.

Curiosamente, se pueden leer los evangelios línea por línea y encontramos que Jesús no dedicó un minuto de su ministerio a reforzar conceptos negativos de sí mismos. Por el contrario, mucho cristianismo convencional dice que debemos mirar en el espejo cada mañana y decir: «¡Gusano! ¡Parásito! ¡Tú, despreciable desdichado!».

Ese no es el evangelio de Jesucristo. Él dijo: «Ama a tu prójimo como a ti mismo». En otras palabras, mi capacidad de amarle a usted se encuentra en proporción directa a mi capacidad de amarme a mí mismo. Padre Adrian von Kahn ha escrito: «La gentileza hacia mi yo precioso y frágil como es llamado de manera peculiar por Dios constituye el núcleo de mi gentileza con los demás, y también es la condición principal para mi presencia a Dios».

Mi amigo, ¿alguna vez se ha permitido creer que Jesús le aprecia por quererlo tener a Él? ¿Por querer decir no a tantas cosas que lo separarían de Él? ¿Se ha permitido jamás pensar que Jesús le está agradecido por dar consuelo a otra persona? ¿Por hacer una pausa para sonreír a uno de sus hijos que tiene una gran necesidad de ver una sonrisa? ¿Por aprender más acerca de Él? ¿Alguna vez ha pensado que Jesús puede entristecerse y decepcionarse de usted por no creer que Él le ha perdonado totalmente?

El misterio de nuestra fe es este: Dios nos ama y Jesucristo habría muerto por nosotros, incluso si hubiéramos sido la única persona en la tierra. Paul Tillich no se cansaba de decir: «La fe es el valor para asentir la aceptación, aceptar que Dios me ama como soy y no como debería ser, porque nunca voy a ser como debería ser».

El evangelio de Jesucristo nos llama a reconocer nuestro valor y dignidad intrínsecos, a amarnos a nosotros mismos con humildad y sanamente, y perdonarnos a nosotros mismos como hemos sido perdonados. Cualquier cosa menos es la negativa a aceptar el amor de Dios por nosotros. De hecho, es un rechazo de la muerte de Cristo en la cruz por nosotros como un error colosal.

Considere esto: Si Jesús se sentara a la mesa del comedor esta noche y desplegara toda la historia de su vida—los pecados miserables, recurrentes, los planes ocultos, los esqueletos en el armario, los deseos oscuros desconocidos, incluso a usted mismo—todavía usted experimentaría la alegría, la paz y la aceptación en su presencia.

¿Por qué? Porque usted finalmente reconocería el ser de valor inestimable que Jesús ve en usted. Y porque le oiría decir: «Tus pecados van aquí. Eres tú por quien he venido, mi amigo».

Lectura: Salmos 51.

Si el Señor Jesucristo le ha lavado en su propia sangre y perdonado todos sus pecados, ¿cómo se atreve usted a negarse a perdonarse a sí mismo?

FRANCIS MCNUTT

16. Cristo en la persona que está a su lado

En el invierno de 1947, el abad Pierre, un moderno apóstol misericordioso que ministraba a los pobres de París, encontró una familia joven en la calle, sin hogar, casi muertos de frío. Él los recogió y los trajo de vuelta a su pequeña vivienda, que ya estaba llena con otros vagabundos. No tenía lugar para ponerlos a ellos, por lo que el abad Pierre entró en la capilla, se quitó el sacramento bendecido del tabernáculo, lo colocó arriba en un ático frío, sin calefacción, y luego instaló a la familia en la capilla para dormir. Cuando sus hermanos dominicanos expresaron consternación por tal irreverencia hacia el Santísimo Sacramento, el abad Pierre respondió: «Jesucristo no tiene frío en la Eucaristía, pero tiene frío en el cuerpo de un niño pequeño».

Cada vez que nos reunimos para celebrar la Eucaristía, estamos listos para creer que en las palabras de la consagración, Jesucristo está real y verdaderamente presente en el pan. ¿Por qué creemos eso? Porque él dijo: «Esto es mi cuerpo».

Pero también dijo que está presente en aquellos que nos rodean. «Lo que hiciste por los necesitados, lo que hiciste a mis hermanos y hermanas más pequeños, a mí lo hiciste. Y eso muestra cuánto me amabas». ¿Por qué no creemos eso?

La Madre Teresa expresó tan poderosamente, con su vida y sus palabras, cómo veía al mundo y a Cristo en él. «En la Eucaristía veo a Cristo en la apariencia del pan», escribió. «En los barrios marginales, veo a Cristo en el penoso disfraz de los pobres. Para mí, la Eucaristía y los pobres no son sino un solo amor».

En este momento, el Señor está en la persona que está a su lado, delante de usted, detrás de usted. Cuando vuelva a casa esta noche y abra la puerta de su casa, el Señor estará presente en cada persona allí. A veces está enterrado allí. A veces él atado de pies y manos allí, pero está allí. Y a usted y a mí, mi amigo, se nos ha dado el don de la fe para detectar su presencia allí, y el Espíritu Santo ha sido derramado en nuestros corazones para que podamos amar allí, porque el significado de nuestra religión es el amor.

Señor Jesús, Salvador, Siervo...
ayúdame a soñar de nuevo.
Reaviva en mi corazón ese fuego del discípulo
que ve su vocación en todas partes, oye tu

*invitación en todas partes, alcanza a tus hijos
en gran necesidad... en todas partes.
Yo realmente quiero vivir tu vida en la
mía—para servir, cuidar, dar, para cantar
tu canción—para tu gloria y placer.
Amén.*

Confíe

17. Confíe en el deleite de su Padre

El monje trapense Basil Pennington captura la simplicidad de la oración cuando escribe: «Un padre está encantado cuando su pequeño, dejando sus juguetes y amigos, corre hacia él y se sube a su brazos. Mientras sostiene a su pequeño cerca de él, a él le importa poco si el niño está mirando a su alrededor, si su atención revolotea de una cosa a otra, o si tiene algún propósito con su padre, o simplemente se está acomodando para dormir. Al padre no le importa porque, en esencia, el niño está eligiendo estar con su padre, confiado en el amor, el cuidado, la seguridad que son suyos en esos brazos».

Toda oración debería ser como esa. Como hijos e hijas del nuevo pacto, se nos da acceso inmediato al regazo del Padre. Nos acomodamos en los brazos de nuestro Padre y sus manos amorosas. Nuestras mentes, nuestros pensamientos, nuestra imaginación pueden revolotear por aquí y por allá. Incluso podríamos conciliar el sueño. Pero, en esencia, elegimos permanecer para este tiempo de intimidad con nuestro Padre—entregándonos a Él, recibiendo su amor y cuidado, dejando que él nos disfrute como quiera.

Por supuesto, nuestra inclinación por lo general es traer a

la oración sólo aquello con lo que nos sentimos cómodos. Pero cuanto más nos atrevamos a revelar todo nuestro yo tembloroso a con todas nuestras ansiedades, oscuros deseos, miedos, sensualidad, pereza e incompetencia, más vamos a ser capaces de experimentar su cuidado compasivo, que es el amor perfecto que echa fuera todos nuestros temores.

Lectura: Salmos 131; 1 Juan 3: 1.

Bendito sea el Dios y Padre de nuestro Señor Jesucristo. Antes de la creación del mundo, Dios nos escogió en Cristo para ser santos e impecables, para vivir a través del amor en su presencia, determinando que debemos venir ser sus hijos adoptivos por medio de Jesucristo.

EL APÓSTOL PABLO

18. La preocupación es un insulto a su Padre

Charles de Foucauld, el fundador de los Hermanitos de Jesús, escribió una frase que ha tenido un profundo impacto en mi vida. Él dijo: «La única cosa que le debemos absolutamente a Dios es no tener jamás miedo de nada». Nunca tener miedo de nada, ni siquiera de la muerte, que, después de todo, no es sino ese avance final a los brazos abiertos, que esperan extendidos de Abba.

«No temáis, manada pequeña», dijo Jesús, «porque a vuestro Padre le ha placido daros el reino» (Lucas 12:32). Como una calcomanía de auto que vi en Texas decía: «La preocupación es un insulto a su Padre».

¿Se acuerda de cómo Jesús oró durante su momento de crisis en Getsemaní? Casi histérico con miedo y terror por la suerte que tenía delante de Él, con gotas de sudor tornándose en gotas de sangre, gritó: «¡Abba, Padre!», dijo, «todas las cosas son posibles para ti; aparta de mí esta copa; mas no lo que yo quiero, sino lo que tú» (Marcos 14:36).

Cuando me desperté esta mañana, acomodé una segunda almohada bajo mi cabeza y me quedé acostado en la cama por un buen rato, orando: «Abba, te pertenezco». Cada palabra me ayudó a centrarme en mi identidad primaria, y a establecer un sentido coherente de mi yo. Era como entrar en un baño caliente, simplemente dejar el amor del Padre filtrarse, saturar, impregnar cada parte de mi ser.

Anhelo que usted deje de lado la preocupación y se permita confiar en Dios completamente. Una cosa·es saber que su Padre le ama y otra muy distinta es vivirlo.

Lectura: Mateo 6:25-34; Juan 14:1-7.

Me pregunto si el miedo no es nuestro principal obstáculo para la oración. Cuando entramos en la presencia de Dios y empezamos a sentir la enorme represa de miedo dentro de nosotros, queremos huir hacia las muchas distracciones, que ofrece tan abundantemente nuestro mundo ocupado. Pero no debemos tener miedo de nuestros miedos. Podemos enfrentarlos, darles palabras a ellos y llevarlos a la presencia de aquel que dice: «No tengan miedo. Yo soy».

Henri J. M. Nouwen

19. La gracia del amor audaz

Por último, les invito a regresar a esa escena de misericordia que mencioné al principio, una habitación embriagada por el perfume. Jesús, reclinado, está enseñando, escuchando y respondiendo a las preguntas. Simón, el fariseo, y todas las otras personas importantes en la lista de invitados se esforzaban por entender. Y a pesar de todo, la fragancia del amor de María impregna el ambiente.

Por fin, Jesús se vuelve hacia la mujer a sus pies, pero se dirige a Simón:

«¿Ves esta mujer? Entré en tu casa, y no me diste agua para mis pies; mas ésta ha regado mis pies con lágrimas, y los ha enjugado con sus cabellos. No me diste beso; mas ésta, desde que entré, no ha cesado de besar mis pies. No ungiste mi cabeza con aceite; mas ésta ha ungido con perfume mis pies».

Entonces Jesús dice algo acerca de María Magdalena que, hasta donde sabemos, él nunca dijo a nadie más:

«Por lo cual te digo que sus muchos pecados le son perdonados, porque amó mucho; mas aquel a quien se le perdona poco, poco ama» (Lucas 7:44-47).

Usted ve, María Magdalena habría sido enterrada en la historia como una prostituta desconocida, a excepción de esto: su amor audaz, apasionado, intransigente hacia la persona de Jesús.

¿Está su relación con Jesús marcada por el amor audaz? El cristianismo auténtico, según la Palabra, es lo siguiente: Es el entusiasmo, la emoción, de enamorarse del Jesucristo resucitado, del Jesucristo viviente. Él nos muestra el camino al Padre, Él derrama en nosotros el Espíritu de Pentecostés, no de manera que vayamos a ser mejores personas con mejor moral, sino como creaciones totalmente nuevas, antorchas humanas encendidas con el Espíritu de fuego del Dios vivo.

Oh, Dios, Padre mío, gracias por tus misericordias innumerables, inconmensurables, insondables...

*¡Gracias! Está presente conmigo en cada paso de este
viaje andrajoso. Hazme crecer en mi interior para
recibir y compartir en el extranjero más y más de tu
amor. Déjame ser tus manos, tu cara y tus palabras
a todos los que conozca. Libérame para servirte; libre
de la ansiedad, del miedo, de la autocompasión, del
odio a mí mismo, del cinismo, o del escepticismo.
Libérame de todo pecado agobiante y de cualquier
tiniebla de incredulidad. Señor Jesucristo, unge mi
vida y mi comunidad espiritual con fe profunda
y rendición audaz a tu bondad perdurable.
Danos corazones que escuchen realmente, para que
podamos escuchar tu Palabra y actuemos valientemente
en consecuencia, para la alabanza de tu nombre y
la alegría de tu corazón. Te lo pido en el nombre
de tu Hijo, nuestro Señor Jesucristo. Amén.*

NOTAS

Capítulo 1

1. Eugene O'neill, *The Great God Brown* (1926).
2. Anthony De Mello, *Taking Flight: A Book of Story Meditations* (New York: Doubleday, 1988), p. 105.
3. Fyodor Dostoevsky, *Crime and Punishment*, trad. Constance Garnett (New York: Random House Inc., 1950), p. 322.
4. Jaroslav Pelikan, *Jesus Through the Centuries, His Place in History of Culture* (New Haven, Conn: Yale University Press, 1985), p. 158. Esta es una obra de vasto y cuidadoso estudio que rastrea las imágenes de Jesús desde los tiempos del Nuevo Testamento hasta el siglo veinte. Pelikan sugiere que el modo en que cada época retrató a Jesús es una clave esencial para comprender ese período en la historia. Los últimos capítulos de libro muestran que «a medida que declina el respeto por la iglesia organizada, la reverencia por Jesús aumenta».
5. Robert Farrar Capon, *Between Noon and Three* (San Francisco: Harper & Row, 1982), pp. 114-15, citado en Donald W. McCullough, *Waking from the American Dream* (Downers Grove, Ill: InterVarsity Press, 1988).
6. De Mello, pp. 113-14.

7. Marcus S. Borg, *Jesus, A New Vision, Spirit, Culture and the Life of Discipleship* (New York: Harper & Row, 1987), p. 35.

8. Paul Tillich, *The Shaking of the Foundations* (New York: Scribner's, 1948), pp. 161-62.

9. Hans Küng, *On Being a Christian* (New York: Doubleday, 1976), pp. 507-08. Küng es uno de esos raros pensadores incapaces de tener un pensamiento superficial. Encuentro difícil definir el valor e importancia de este libro en mi vida, sin caer en la exageración.

Capítulo 2

1. Esta fascinante colección de datos científicos fue tomada de una presentación en el Rotary Club de Sea Island, Georgia, 1978. El nombre del disertante no está disponible al momento de escribir el libro.

2. Peter Van Breemen, *Certain As the Dawn* (Denville, N.J.: Dimension Books, 1980), p. 13.

3. Walter J. Burghardt, S.J., *Grace on Crutches: Homilies for Fellow Travelers* (New York: Paulist Press, 1985), pp. 101-02.

4. *Ibíd*, p. 108.

5. Flannery O'Connor, *The Complete Stories* (New York: Farrar, Straus and Giroux, 1971), p. 491. La autora (1925-64) murió de lupus incurable y dejó una obra de ficción, especialmente cuentos cortos, que son clásicos cristianos. Antes de su muerte dijo: «Habrás encontrado a Cristo cuando te preocupes más por el sufrimiento de los demás que por el propio».

6. Gerhard Ebeling, *Luther, An Introduction to His Thought* (Philadelphia: Fortress Press, 1970), pp. 45-46.

7. Mary Jane Frances Cavolina, Maureen Anne Teresa Kelly, Jeffrey Allen, Joseph Stone, Richard Glen Michael

Davis, *Growing Up Catholic* (New York: Doubleday, 1984), pp. 15-16.

8. Van Breemen, p. 61.

Capítulo 3

1. Donald P. Gray, *Jesus, the Way to Freedom* (Winona, MN: St. Mary's College, 1979), p. 38. Esta joyita de setenta y dos páginas es académica, pero altamente entendible. Respira el aire del evangelio de la gracia. La visión de Gray con respecto a Jesús es como la lluvia fresca sobre la tierra seca. Altamente recomendado.

2. Simon Tugwell, *The Beatitudes: Soundings in Christian Traditions* (Springfield, IL: Templegate Publishers, 1980), p. 7. En mi opinión, de la cantidad de libros escritos sobre las Bienaventuranzas, ninguno tiene la profundidad y la sabiduría del libro de Tugwell.

3. Albert Nolan, *Jesus Before Christianity* (Maryknoll, NY: Orbis Books, 1978), p. 56. Nolan presenta un retrato de Jesús antes de que se le pusiera en el santuario de las doctrinas, el dogma y el ritual. Una obra corta pero muy valiosa.

4. *Ibíd.*, p. 23.

5. Brennan Manning, *A Stranger to Self-Hatred* (Denville, NJ: Dimension Books, 1983), p. 47.

6. Nolan p. 39.

7. Nolan p. 56.

8. Edward Schillebeeckx, *Jesus: An Experiment in Christology* (New York: Seabury Press, 1976), p. 165.

9. Walter Kasper, *Jesus the Christ* (New York: Paulist Press, 1977), p. 86. Encuentro la prosa del autor un tanto pesada, y el estilo poco ágil, pero una lectura cuidadosa rinde grandes resultados y recompensas.

10. Robert C. Frost, *Our Heavenly Father* (Plainfield, NJ: Logos International, 1978), p. 44. Frost reconstruye con

credibilidad e imaginación la vida oculta de Jesús antes de que comenzara su ministerio público. Recomendado para estudio bíblico y grupos pequeños.

11. Burghardt, p. 144.
12. Gerald S. Sloyan, *Jesus in Focus: A Life in Its Setting* (Mystic, CT.: Twenty-Third Publications, 1986), p. 38.
13. William Shakespeare, Macbeth (1605), act V, scene 5.

Capítulo 4

1. De Mello, pp. 114-15.
2. Gray, p. 33.
3. *Ibíd.*, p. 19.
4. Eugene Kennedy, *The Choice to Be Human* (New York: Doubleday, 1985), p. 128.
5. Donald W. McCullough, *Waking from the American Dream* (Downers Grove, Ill.: InterVarsity Press, 1988), p. 116. El espíritu de este libro inspira las páginas del mío, especialmente su capítulo «La diferencia que marca el viernes». Estoy endeudado con el Dr. McCullough y entiendo por qué Richard Halverson, capellán del Senado de los Estados Unidos, escribió: «Este libro es de lectura imperativa para todo quien tome a Cristo en serio».
6. Peter Van Breemen, *As Bread That Is Broken*, (Denville, NJ: Dimension Books, 1975), p. 196.
7. Gerald G. May, *Addiction and Grace* (San Francisco: Harper & Row, 1988), p. 166. Este libro amplía nuestro entendimiento de la adicción a algo (desde a la cocaína hasta a una idea) y la interacción de la gracia para recuperar nuestra libertad.
8. De Mello, p. 74.

Capítulo 5

1. Joan Puls, *A Spirituality of Compassion* (Mystic, CT.: Twenty-Third Publications, 1988), pp. 119-20.
2. Sean Caulfield, *The God of Ordinary People* (Kansas City, MO: Sheed and Ward, 1988), p. 50.
3. Puls, p. 120.
4. Moliére, Don Juan (1665).
5. James N. McCutcheon, «The Righteous and the Good», en *Best Sermons* (San Francisco: Harper & Row, 1988), pp. 239-39.
6. Frederick Buechener, *The Magnificent Defeat* (San Francisco: Harper & Row, 1985), p. 47
7. Andrew M. Greeley, *God in Popular Culture* (Chicago, IL. The Thomas More Press, 1988), p. 124.
8. Peter S. Hawkins, *The Language of Grace* (Cambridge, Mass.: Cowley Publications, 1983), pp. 67-68. El autor examina la ficción de Flannery O'Connor, Walker Percy e Irish Murdock y examina el lenguaje de gracia que utilizan para enfrentar al lector moderno a partir de la premisa de que muchas de las palabras tradicionales referidas a la gracia han sido devaluadas.
9. Walter J. Burghardt, *Still Proclaiming Your Wonders* (New York: Paulist Press, 1984), p. 170.
10. Brennan Manning, *Prophets and Lovers* (Denville, NJ: Dimension Books, 1976), pp. 12-14. Aquí he condensado mucha teología bíblica del divino ágape mencionada en una obra mía publicada anteriormente.

Capítulo 6

1. Richard Selzer, M. D., *Mortal Lessons: Notes on the Art of Surgery* (New York: Simon and Shuster, 1978), pp. 45-46. Leí por primera vez esta historia en *The Wittenburg Door,* una revista cristiana a menudo satírica, que se anuncia como «el regalo perfecto para la

mente cerrada». Siempre espero el número siguiente con expectación.

2. Jurgen Moltmann, *The Crucified God* (New York: Harper & Row, 1974), p. 108.

3. Joachim Jeremias, *The Parables of Jesus* (New York: Charles Scribner's, Sons, 1970), p. 72.

4. *Ibíd.*, p. 188.

5. Tugwell, p. 23.

6. John Shea, *Stories of God* (Chicago, IL. Thomas More Press, 1978), p. 187. Uno de los pensadores más creativos y originales de la iglesia norteamericana de hoy.

7. McCullough, p. 122.

8. John R. Claypool «Learning to Forgive Ourselves», en *Best Sermons 1* (San Francisco: Harper & Row, 1988), p. 269.

9. Cita de San Francisco de Sales. Fuente desconocida.

10. Walter J. Burghardt, *Tell the Next Generation* (New York: Paulist Press, 1980), p. 43.

11. Jon Sobrino, *Christology at the Crossroads, A Latin American Approach* (Maryknoll, NY: Orbis Books, 1978), p. 171.

12. Burghardt, *Grace on Crutches*, p. 43.

Capítulo 7

1. Este relato verídico aparece contado por mí de manera diferente en «Gentle Revolutionaries».

2. Dietrich Bonhoeffer, *Life Together* (San Francisco: Harper & Row, 1954), citado por Bob y Michael Benson, *Disciplines for the Inner Life* (Waco, Texas: Word Books, 1985), p. 60. Un librito útil con lecturas guiadas de las Escrituras, junto con escritos de líderes espirituales, para profundizar la vida interior.

3. C. S. Lewis, *The Problem of Pain* (New York: Macmillan), pp. 49-50.

4. Anthony De Mello, *The Song of the Bird* (Anand, India: Gujaret Sahitya Prakash, distribuido por Chicago, IL.: Loyola University Press, 1983), p. 130.

5. Kennedy, pp. 8-9. El libro de Kennedy, subtitulado *Jesus Alive in the Gospel of Matthew*, está entre los diez mejores libros que haya leído en los últimos diez años.

6. May, p. 169.

Capítulo 8

1. Hans Küng, *Freedom Today* (New York: Sheed and Ward, 1966), pp. 36-37. El pasaje de *Los hermanos Karamazov* está citado aquí.

2. Brother Roger, *Parable of Community* (Minneapolis, MN.: Seabury Press, 1980), p. 4.

3. Henri J. M. Nouwen, *Lifesigns, Intimacy, Fecundity and Ecstasy in Christian Perspective* (New York: Doubleday, 1986), p. 38. Un lindo libro que ofrece la clave esencial para vivir libres del dominio del miedo.

4. Gray, p. 45.

5. William Kilpatrick, *Identity and Intimacy* (New York: Sheed and Ward, 1975), p. 112.

6. Carl J. Jung, *Modern Man in Search of a Soul* (Harcourt, Brace and World Harvest Books, 1933), p. 235.

7. M. Basil Pennington, *Centering Prayer: Renewing and Ancient Christian Prayer Form* (Garden City, N.Y.: Doubleday, 1980), pp. 68-69. El gran valor de este libro reside en la simpleza y claridad de la presentación. Un modo de orar que lleva a una relación viva y profunda con Dios.

8. Anthony De Mello, *The Heart of the Enlightened* (New York: Doubleday, 1989), p. 122.

9. John L. McKenzie, *Source: What the Bible Says about the Problems of Contemporary Life* (Chicago: Thomas More Press, 1984), p. 146.

10. Küng, *Freedom Today*.

11. Fyodor Dostoevsky, *The Brothers Karamazov* (New York: Modern Library, Random House, 1934), p. 272. Una de las obras maestras perdurables, con la inscripción de apertura: «De cierto, de cierto os digo, que si el grano de trigo no cae en la tierra y muere, queda solo; pero si muere, lleva mucho fruto» (Juan 12:24, RVR 60).

Capítulo 9

1. Gerald O'Collins, *The Second Journey, Spiritual Awareness and the Mid-Life Crisis* (New York: Paulist Press, 1978), p. 4.

2. *Ibíd.*, p. 62.

3. Brennan Manning, *Souvenirs of Solitude* (Denville, NJ: Dimension Books, 1979), pp. 8-28. Aquí tomé material de una obra mía anterior que ya no se imprime más.

4. Nikos Kazantzakis, Report to Greco (London: Faber and Faber, 1973)

Capítulo 10

1. *Love and Death*, libreto de Woody Allen (Jack Rollins & Charles H. Joffe Productions, distribuido por United Artist, 1975).

2. Russell Baker, *Growing Up* (New York: Signet Books, New American Library, 1982), pp. 259-60.

3. Lloyd Ogilvie, *Ask Him Anything* (Waco, Texas: Word Books, 1981), citado en Bob y Michael W. Benson *Disciplines for the Inner Life* (Waco, Texas: Word Books, 1985).

4. Victor Rangel-Ribeiro, *Reader's Digest*, agosto 1989, p. 76.

5. Puls, p. 119.

6. Annie Dillard, *Pilgrim at Tinker Creek* (New York: Harper's Magazine Press, 1974), p. 276.

7. Louis Evely, *That Man Is You* (New York: Paulist Press, 1964), p. 121.

8. Henri J. M. Nouwoen, «The Prodigal comes Home», *National Catholic Reporter*, 4 de agosto de 1989.

9. Robert Bolt, *A Man for All Seasons* (New York: Random House, 1960), p. 140.

10. G. K. Chesterton, *The Fame of Blessed Thomas More* (New York: Sheed and Ward, 1929), p. 63.

Capítulo 11

1. Esta visión y la historia de la visita a la familia Amish me ha dado una nueva percepción de lo que es «nacer de nuevo». Este relato está incluido en una obra mía anterior, *The Signature of Jesus*.

2. May, p. 192.

3. Nikos Kazantzakis, *Zorba the Greek* (New York: Touchstone 1996), 300. First Published in 1946.

4. Andrew Greeley, *What a Modern Catholic Believes About God* (Chicago: Thomas More Press, 1961), p. 91-92. Antes de ser novelista, Greeley escribió dos libros sobre la teología del Antiguo y Nuevo Testamentos, revelando un notable talento para la síntesis.

5. Louis M. Savary & Patricia H. Berne, *Prayerways* (San Francisco: Harper & Row, 1980), p. 7.

6. Sir Rabindranath Tagore, Fruit-gathering XVIII (New York: the Macmillan Company, 1916).

7. De Mello, p. 39.

Unas palabras finales

1. Eugene Peterson, *Traveling Light* (Downers Grove, Ill.: InterVarsity Press, 1982), p. 39.

El escándalo de la gracia

1. Sue Monk Kidd, *When the Heart Waits* (San Francisco: Harper San Francisco, 1990), p. 141.
2. Amy Welborn, *Living Faith* (Fenton, Ma: Creative Communications for the Parish, Ene/Feb/Mar 2000), 5 de enero.
3. *The Big Book of Alcoholic Anonymous* (New York: AA World Services Inc., 1976), pp. 66-67.
4. John Kavanaugh, *In America*, vol. 173 no. 10 (7 de octubre de 1995), p. 23.
5. Alan Jones, *Soul-Making* (San Francisco: Harper & Row, 1985), p. 145.